# 伟人的青年时代
# 爱因斯坦

张燕波　编著

中国青年出版社

*Albert Einstein*

# 阿尔伯特·爱因斯坦
## Albert Einstein
1879年3月14日～1955年4月18日

  物理学家、哲学家、思想家，生于德国犹太家庭，后移民美国，拥有瑞士和美国国籍。他先后创立狭义相对论和广义相对论，为量子力学和现代宇宙学奠基，获得1921年度诺贝尔物理学奖，被公认为继伽利略、牛顿之后最伟大的物理学家。在两次世界大战间，他倡导反战、反法西斯主义、反种族主义、反对核扩散，毕生为世界和平做出伟大贡献。1999年他被美国《时代周刊》评选为20世纪的"世纪伟人"。

# 目录

前言　001

**第一章　1882　大头怪小孩**　003
不死民族　005
一块石头　007
沉默小孩　011

**第二章　1884　罗盘的奥秘**　017
自然与宗教　019
代数与几何　024
宗教与科学　028

**第三章　1895　阿劳的阳光**　037
阳光旅行　039
理工学院　045
友情爱情　049
毕业失业　053

**第四章　1902　蛰伏伯尔尼**　057
三人科学院　059
三级技术员　063
三口小家庭　066

**第五章　1905　狭义相对论**　071
奇迹之年　073
量子先驱　075
一杯糖水　080
花粉在跳舞　081
狭义相对论　083

**第六章　1911　索尔维会议**　103
教授先生　105
群星闪耀　110
柏林来客　112

**第七章　1915　广义相对论**　117
三场战争　119
天才对决　123
尘埃落定　136

## 第八章　1919　明星科学家　145

世人皆知　147

世纪之战　155

世外桃源　161

## 第九章　1933　何处是家乡　165

永别欧陆　167

小镇传奇　173

统一场论　177

## 第十章　1945　战争与和平　181

核弹阴云　183

世界公民　187

随风而逝　190

后记　195

# 前言

纽约西南方的小镇普林斯顿,优美、宁静。夏日午后,一个八九岁的小姑娘一只手端着个盘子,另一只手攥着个本子,小心翼翼地穿过林荫道,走到一座二层白色小楼的门廊前,按响了门铃。

门开了,一位身材瘦弱的中年女子疑惑地看着她。小女孩说明来意,原来她被数学作业中一道题难住了,小伙伴告诉她这里住着一位数学老师,于是前来求教。中年女子听罢有些为难,又不忍心拒绝小女孩。这时,女子身后忽然闪出一位顶着花白"爆炸头"的老者。他看了看小姑娘,又低头看了看她手中的盘子,随即冲她挤了挤眼、招了招手示意进来。

小姑娘回家的时候被父母看到了,于是问她去那所白房子做什么。"那家有位数学老师,帮我讲解了一下午数学题,比我们老师讲得好多了。"小女孩边说还用手比画着,"他的头发就像……"母亲大惊失色,埋怨道:"你怎么能去打扰他!"小女孩举起空盘子,委屈地答道:"可是,我还把自己做的糖果都给他吃了呢!"母亲哭笑不得,拍拍女儿的头说道:"你知道吗,他可是伟大的……"

说到这里,聪明的读者不难猜到,这位留着"爆炸头"的"数学老师"就是我们的主人公——阿尔伯特·爱因斯坦。

他的形象在这个星球上几乎无人不知:花白的"爆炸头",浓密的小胡子,宽宽的额头,可爱的娃娃脸,浅浅的酒窝,迷人的笑容,从不离手的烟斗,不喜欢穿袜子,对着镜头吐舌头,海豹一般的爽朗笑声,还有那清澈、纯真,却又洞察宇宙、悲天悯人的目光。

他的身上贴着多种标签：犹太人、伟大科学家、和平使者、宇宙之子、世界公民……他还是个极其矛盾、复杂的人：他是科学家，却有着艺术家的外貌和气质，至今在各种文学影视作品中还能看到他的影子；他是名人又是普通人，是天才也是怪人；他生于德国，求学于瑞士，晚年移民美国，先后拥有三个国籍；他是犹太民族斗士，却不信仰犹太教；他曾获得诺贝尔物理学奖，却不是因为著名的相对论；他为量子力学奠基却半生与之作战；他敦促研发原子弹却不支持使用它。正如爱因斯坦自己说过的，人人都认识他、喜欢他，却没人真正理解他。

本书用爱因斯坦生命中十个重要的时间节点串联起他传奇的一生，聚焦于他的青少年时代，尝试从他深邃、迷人的目光中，解读爱因斯坦是个怎样的人。

探索真理比占有真理更为可贵。

——

爱因斯坦

我很少用词语进行思考，
直到一个想法产生后，才试图用语言表达出来。

——

爱因斯坦

# 第一章　1882　大头怪小孩

## 1882 年某日

慕尼黑 爱因斯坦家

一位犹太老医生坐在客厅沙发上，和三岁的小爱因斯坦面面相觑。他施展所有手段做了检查，结果表明：孩子的行动能力无障碍；听力和视力正常；心跳、脉搏无异样；口腔和舌头也没有病状。老医生不由得贴近孩子的脸，歪着头纳闷地端详起来。小爱因斯坦也学着他的样子，歪着小脑袋上下打量着老医生。四目相对，医生似乎看到孩子眼珠机灵地转了几下，嘴唇轻轻嚅动，一副欲言又止的样子。折腾了一个下午，小爱因斯坦也没有开口。老医生放弃了，留下一句："很抱歉，爱因斯坦太太，我也无能为力。"随后他便收拾起医疗包走出家门，嘴里仍在念叨着"奇怪，太奇怪了"。母亲波琳无奈地送至门口，身后却传来一个微弱的声音："妈妈……"波琳随口应道："欸。"话音未落，她突然反应过来，赶忙转身跑到小爱因斯坦面前，抓住他的双肩，惊喜地问道："天哪！宝贝，刚才是你在叫我吗？再叫一遍！"

## 不死民族

在今日的地中海与死海之间，欧、亚、非三大洲的连接处，坐落着一座有3000年历史的古城。这里不仅是从古至今政治、经济、文化、军事、交通的枢纽要地，也是三大宗教（基督教、犹太教、伊斯兰教）共同视为起源之地的圣城。老城的东部矗立着一堵长约50米、高约18米，由18层巨石垒成的墙。每逢宗教节日，都有大批的信众从世界各地赶来，聚集在墙下。戴着传统宽檐礼帽或小圆帽的男人们和裹着头巾的女人们，或双手抚墙，或以额头抵墙，或默默诵读经文，或把写满祝愿和祷告的小纸条塞进墙缝。他们喃喃诉说着本民族数千年承受的苦难，任由涌出的泪水浸润那寂然无声的石墙。

这座城叫作耶路撒冷，这堵墙世称为"哭墙"，这群人就是见证人类文明史、流散世界各地、写满屈辱和血泪的民族——犹太人。百般磨难也没有撕碎、消灭其文明，他们奇迹般地以其独特的语言、文字、宗教、风俗仍然屹立于世界民族之林，并在科技、人文、社会等各个领域均做出伟大的贡献，被称为"不死的民族"。

犹太教传说中，公元前2000年左右，犹太人的祖先闪米特游牧部落在族长亚伯拉罕的带领下，离开幼发拉底河边的家乡，沿着阿拉伯沙漠边缘长途跋涉后，最终抵达迦南（今巴勒斯坦）。亚伯拉罕的后人经过几番迁徙又回到迦南地区，约公元前1000年在此建立都城，定名为"耶路撒冷"，并建造了宏伟壮丽的犹太教圣殿。

然而，耶路撒冷作为东西方交界的要冲地位，总是被不同的强大国家所觊觎，上千年间先后被埃及人、巴比伦人、波斯人、希腊人和罗马人征服。公元70年，罗马将军提图斯率军攻入耶路撒冷城，屠戮犹太人，并放火烧毁了圣殿。这座被犹太人视为精神归宿的圣殿，从此再没有机会复原，只残留了一段巨石堆垒的西墙，成为后世的犹太人祈祷、凭吊和哭诉之地，即今人所称的"哭墙"。

公元132～135年，不甘屈辱的犹太人爆发了对罗马统治者的战争，最后仍以血泪告终。愤怒的罗马皇帝哈德良下令，彻底驱逐所有犹太人。从此，犹太人被迫又一次离开故土，开启了长达1800余年的遍布世界各地的民族大流散之旅。

中世纪的欧洲，脱胎于犹太教的基督教逐渐占据绝对统治地位。流散到欧洲的犹太人在政治、宗教、经济、文化等方面不断受到排挤、驱逐、迫害乃至杀戮。在基督教教义中，救世主耶稣被犹大出卖并死于犹太祭司之手，这是统治者排挤犹太人的一大理由；由于犹太人在任何地方都是外来人，没有属于自己的土地，也不被允许参与当地的固定工作，所以只能从事商业和金融业，而他们凭借智慧积累的财富也招来了本地人的妒忌；犹太人自古重视教育，不论是多小的族群，都坚守并传承着本族的文化和习俗，这恰恰与本地人格格不入。双方的矛盾越发尖锐，统治者借机煽动民意，不论是天灾（如黑死病、自然灾害等）还是人祸（如矛盾、战争等）的出现，都要把犹太人当作替罪羊。在宗教、文化领域，犹太人更是被丑化为贪婪、狡诈、古怪的形象。

公元14世纪，文艺复兴运动驱散了中世纪的阴霾，随后17世纪的启蒙运动和18世纪的法国大革命，更是让欧洲大陆逐渐脱离了蒙昧，也让历尽苦难的犹太人似乎看到了民族的曙光。19世纪40年代，第一次工业革命已经完成，资产阶级崛起，以武装革命推翻封建君主和贵族特权的风暴席卷欧洲。值此社会巨变，犹太人也做出了积极的响应，他们中的一部分人在宗教、文化习惯上大胆改革，试图更好地融入当地人的社会。这次改革的中心在德意志地区，我们的主人公就是诞生于此的犹太后裔。

## 一块石头

巴登-符腾堡州位于德意志帝国西南部，著名的黑林山和施瓦本山像两条分割线把整个州等分为三份。施瓦本地区山清水秀、风景怡人，一小支犹太人于17世纪辗转迁徙至此定居。这个犹太族群延续了祖先的传统，仍以经商为主业。但随着时代变迁，除了保留了犹太人的同族友爱和勤劳聪慧，他们逐渐放弃了犹太教的一些宗教传统和生活习俗，主动融入当地社会，成为名副其实的施瓦本人。相较于传统普鲁士人的理性严谨、刻板高傲和巴伐利亚人的朴实无华、粗犷豪放，施瓦本人的性格恬淡平和、随遇而安，就连说话的声调比起声若洪钟的普鲁士人来都更加优雅舒缓，如同幽谷泉鸣。尽管身处僻壤，而且大多从事商业和手工业，但他们却醉心于文学、哲学、艺术、音乐，尤其注重教育。

1847年，犹太后裔赫尔曼·爱因斯坦出生在施瓦本地区的布豪村。在这样风景怡人、民风优雅的环境里成长，赫尔曼自然养成了善良、乐天、温和的性格。他幼年十分聪慧，学业出色，除了对数学感兴趣，更热爱文学艺术，尤其喜爱德意志著名诗人席勒和海涅的作品。但在斯图加特读完中学后，为了继承家族事业，他没有继续攻读大学，而是返回了故乡。

赫尔曼随和友善的性格很适合做小本生意，不管是族人还是当地人，同他打交道都如沐春风。可恰恰因太过和善随意的秉性，他也注定无法成为真正成功的大商人，自家的生意一直是不温不火。19世纪末，德意志帝国完成统一，社会安定祥和、百废待兴，工商业迅速发展。爱因斯坦家族为谋求更好的发展机会，迁徙到附近的工业中心乌尔姆。

小城乌尔姆历史悠久，依傍着美丽的多瑙河，城中人口只有 7 万，却是当时相当有活力的工商业中心。赫尔曼在这里和亲戚一起创办了一家羽毛褥垫企业，生意不算红火，尚可满足温饱的生活。29 岁时，经族人介绍，赫尔曼与 18 岁的波琳喜结连理。

波琳·科赫生于犹太富商家族，其父是符腾堡王国（德意志邦联成员国）宫廷粮食供货商，家资颇丰。科赫家族对男孩女孩的教育一视同仁，在 19 世纪的欧洲普通家庭中也是难能可贵的。波琳不仅长得亭亭玉立，性格活泼开朗，还经过良好的教育，具备很高的文化修养，热爱文学、诗歌和音乐，弹得一手好钢琴。除此之外，她还继承了犹太商人的机灵聪慧、注重实际，尤其是与人打交道时更显嘴尖舌快、锋芒毕露。

赫尔曼本性随和，对年轻的妻子百依百顺，是个名副其实的"好好先生"。小夫妻性格互补、爱好相同，事业上互相帮衬，生活中琴瑟和鸣，过着甜蜜的小日子。不久后，立业成家的赫尔曼又喜得贵子。

1879 年 3 月 14 日上午 11 点 30 分，在乌尔姆市火车站大街 135 号的公寓里，爱因斯坦夫妇的第一个孩子诞生了。可正当一家人都沉浸在喜悦和忙乱中，新生儿的奶奶却皱起了眉头。她看着襁褓中的男婴嘀咕一句"怎么这么大"，接着把孩子抱在怀里端详，结果更加吃惊：新生儿不仅体格比普通孩子大了不少，头部也很大，更是长着一个有棱有角的硕大后脑勺！

赫尔曼初为人父，可并不在意儿子长得是否奇怪，接过来抱在怀里就不舍得放手了，一边逗弄着婴儿一边叫着"我的小亚伯拉罕"。原来，按照犹太人的传统习俗，给男孩子取名时为了表示家族传承，一般沿用其祖父的名字，所以赫尔曼也准备按照这个规矩给小爱因斯坦取名为亚伯拉罕（Abraham）。可是波琳表达了不同意见，她认为这个名字带有很强的犹太人色彩（亚伯拉罕是犹太人祖先的名字），在当时的德意志帝国，

赫尔曼·爱因斯坦与波琳·科赫

可能会给儿子未来融入当地社会带来不必要的障碍。赫尔曼觉得妻子的顾虑也不无道理，于是决定只保留首字母 A，换了一个普通的名字阿尔伯特（Albert）。

在德语中，阿尔伯特寓意为"聪明、高贵的人类守护者"；爱因斯坦（Einstein）意为"一块石头"。在今天的乌尔姆市火车站广场上，就根据这个名字竖立着一座用十多根石柱组成的爱因斯坦纪念碑。世人愿意给他的一生赋予传奇、神秘的色彩，甚至把他的名字也赋予宗教神谕的意味。但实际上，他本出生于普通的犹太家庭，取了普通的名字，他的伟大并非来自姓名的隐喻，反而是尽其一生的奋斗来近乎完美地诠释了姓名的含义。他用想象力和创造力体现了人类的最高智慧；他为了守护世间和平，不畏任何强权并与之抗争大半生；他的哲思如石头般笃定而深邃。阿尔伯特·爱因斯坦——他的伟大由自己来书写。

小爱因斯坦的呱呱坠地给小夫妻带来了无穷欢乐和美好憧憬，同时，赫尔曼也感觉肩上的担子更重了。尽管他更加用心去经营羽毛褥垫生意，可他的性格实在不适合在商界打拼，时而因客户几句软语就损失利润，时而因族人求助而乐善好施，不久以后，家族生意愈见惨淡。正在踌躇之时，他的弟弟伸出了援手。

雅各布·爱因斯坦比赫尔曼小三岁，是同辈中最小的弟弟，也是最聪明的一个。他比哥哥更加痴迷数学、物理等科学知识，而且通过了大学的高等教育，获得了工程师认证，并开办了一家小型电气设备公司，研制发电和照明设备。

赶来乌尔姆看望兄嫂和小侄儿的雅各布，听闻赫尔曼生意陷入窘境，马上提议和哥哥一起创办一家新的公司，到更大的城市去闯一番天地。雅各布的目光相当敏锐，19世纪末正是电气工程飞速发展的时期。

1831年，英国科学家迈克尔·法拉第发现了电磁感应现象，并发明了发电机的原型；1832年，法国人波利特·皮克西根据电磁感应原理发明了第一台手摇直流发电机；1866年，以电报机起家的德国西门子公司研制出自励式直流发电机和直流电动机；1879年，也就是爱因斯坦诞生之年，美国发明家托马斯·爱迪生改良白炽灯，西门子公司在柏林安装了路灯。

正是在这个时间节点，雅各布的一句"我们将点亮整个城市"，引燃了赫尔曼的激情。兄弟俩一拍即合，哥哥负责销售，弟弟承担技术研发，波琳也表示可以从自己的粮商父亲那里借来启动资金。当时德国北部城市电气化程度在著名的西门子公司的多年经营下发展较快，于是在雅各布的建议下，他们决定把希望之地定在南部最大的城市——慕尼黑。

慕尼黑是巴伐利亚州首府，多瑙河的支流伊萨尔河穿城而过，是风景优美、历史悠久的古城。1880年夏，赫尔曼和雅各布一同举家搬至慕尼黑近郊，成立了爱因斯坦电气公司，准备大干一场。

电气公司的事业起步顺风顺水，慕尼黑周边大小城镇的工程订单越来越多，人们都渴望尽快地享受新科技带来的便利生活。赫尔曼和弟弟忙忙碌碌，波琳则独自担负起抚养小爱因斯坦的任务。一家人的生活如同那些被电灯点亮的大街小巷，充满了幸福和光明。转眼一年过去了，三口之家又增添了一位小成员。

1881年11月，爱因斯坦家的"小公主"玛莉亚诞生了，家里人都喜欢用昵称"玛娅"称呼她。赫尔曼和弟弟两家人聚在一起庆祝新生儿的出生，两岁的小爱因斯坦也趴在婴儿床边好奇地观察着小妹妹。只见他左看看、右看看，还在婴儿身子底下翻着什么，似乎在想："这个玩具怎么玩呢？"不解的小爱因斯坦求助地望向妈妈，可就是不说一句话。

波琳见此情景哭笑不得，走过来抚着小爱因斯坦的脑袋告诉他："这是你的小妹妹啊。"妈妈看向瞪着大眼睛的玛娅，幸福之情溢于言表；可转头再看看一旁呆呆的小爱因斯坦，心里却闪过一丝担忧。

## 沉默小孩

自从全家搬到慕尼黑，波琳的小困扰就与日俱增。小爱因斯坦降生时，家人就对他与众不同的大脑壳啧啧称奇。随着婴儿体格逐渐发育匀称，那大头也不显得十分突兀了。不过很快，波琳发现了更奇怪的事。

普通小孩在年满一岁时就会咿呀地叫出"爸爸、妈妈"这样的叠音词了，可无论父母怎么逗哄、示范，小爱因斯坦就是一言不发。两岁时，一般的小男孩都会说"要吃饭、想睡觉"这样简单的短语了，可小爱因斯坦依然故我，看到大人们焦急地比手画脚，反而被逗得咯咯大笑。赫尔曼倒是没有过于在意，还总劝妻子："别着急，慢慢就会了，你看阿尔伯特的眼睛就知道有多机灵。"波琳别无他法，只得听从一贯乐天的丈夫的宽慰之语。

等到玛娅出生后，小爱因斯坦都快3岁了，平时生活中一切都正常，吃饭、睡觉、玩玩具都和一般小孩没有两样，两只大眼睛还透着机灵劲儿。家人都注意到，有时感觉他要表达自己的情绪，话到嘴边，却咕哝半天，就是说不出一个字。这次，连大大咧咧的赫尔曼也坐不住了，夫妻俩决定找来当地有名的医生好好检查检查。老医生忙活半天也没查出个所以然，只得挠着头告辞。哪知道，医生离开后，小爱因斯坦反而轻轻地叫了声"妈妈"。

赫尔曼夫妇又惊又喜，眼前这个奇怪的"小石头"终于开口了，心里压着的大石头也就落了地。尽管小爱因斯坦大多数时候仍然是沉默寡言，可至少证明了没有身体缺陷，赫尔曼便放心地四处奔波，全身心地投入事业当中。

1882年9月16日，首届德国国际电气技术博览会在慕尼黑的水晶宫隆重召开。主办方特意把开幕式安排在夜晚举行，电闸合上的瞬间，会场顿时亮如白昼，民众都爆发出幸福的欢呼声。爱因斯坦兄弟公司也在博览会上设置了展台，推广着用于照明的发电机、新式电话机、电话交换设备、麦克风等丰富多样的新产品、新技术。

城市生活方式发生巨大的改变，随之吸引了大量乡镇人口向大城市不断聚集，工业、民用的电力应用市场呈爆发式增长。赫尔曼接到的新工程、新设备订单塞满了文件包，雅各布的工厂更是从人员、机器到厂房日渐扩充壮大，公司的生意一时风生水起。依托新科技发展的红利，兄弟俩的生活水平也大有改善。他们在慕尼黑重新购置了带有后花园的独栋别墅，两家人欢欢喜喜迁入新居，过上了中产阶级的优渥生活。

赫尔曼是个与人为善的老好人，雅各布是沉迷科研的工程师，兄弟俩都没有半点资本家的贪婪嘴脸。不仅善待每个员工，他们还经常邀请工厂里的朋友来家里聚餐。一到周末，爱因斯坦家的后花园定会热闹非常。男人们喝着啤酒高谈阔论，女人们从厨房里端出丰盛的食物，各家的孩子们在花园里欢笑嬉戏。夜幕降临后，人们往往聚在客厅里，举办小型音乐会。波琳演奏着优美的钢琴曲，雅各布拉起小提琴，赫尔曼靠在钢琴旁吟诵着席勒或海涅的诗句。那段日子，

*
3岁的爱因斯坦

是爱因斯坦家最美好的回忆。但是，往往在这其乐融融的时刻，人们唯独看不到小爱因斯坦的身影。

小爱因斯坦不仅不爱参加热闹的聚会，平时也不喜欢和同龄的小伙伴玩耍。他既不和小男孩们爬树、下河、玩骑士战斗的游戏，也不和女孩子们玩花花草草、洋娃娃，只愿意安静地独处，专心致志地做自己喜欢的事。

父母已经对他的怪癖习以为常了，以为他不过是性格太过内向而已。逐渐长大的小玛娅却不像哥哥一样沉默寡言，是个活泼好动的小女孩。玛娅每每缠着小爱因斯坦玩，却发现哥哥一点都不耐烦，有时候被缠不过了，哥哥就会嘴里咕咕哝哝半天，最后憋红了脸才吐出两句话。家人里只有叔叔雅各布对小爱因斯坦另眼相看。工程师出身的叔叔，看出了这个小侄子与众不同：小小年纪就有着难得的专注力。

雅各布经常带回一些小礼物，小爱因斯坦很喜欢那些积木和拼接组装

的动物、建筑之类的精巧玩具。一拿到玩具，他往往会安静地待在房间的角落里，几乎一整天不受任何干扰地仔细琢磨、耐心动手，直到完成组装为止。儿时的玩具里，他最珍爱的就是一个蒸汽机车模型，经常用小手推着小车头在轨道上一圈圈驶过。小爱因斯坦虽然一贯沉默寡言，可在叔叔面前却活跃很多，往往一边玩着玩具，嘴里突然会冒出一些奇奇怪怪的问题。雅各布看在眼里十分欣慰，觉得这孩子准是遗传了爱因斯坦家族优秀的理科基因，但他们兄弟俩都忙于工作无暇顾及，于是建议哥哥给五岁的小爱因斯坦请个家教做启蒙教育。

家庭女教师来了没多久，就发现这个小男孩有些古怪。老师教几个同龄的孩子识字、朗读，小爱因斯坦一言不发。老师带着孩子们到花园里做游戏，他不参加，盘腿坐在沙发上一动不动，也不知道脑子里装着什么奇思怪想。女教师开玩笑地给他起了个绰号——"无聊小神父"。没想到的是，"小神父"脾气可不小，不论是老师还是小伙伴，只要提起这个绰号，小爱因斯坦就会暴跳如雷，甚至会摔打东西泄愤。

提起爱因斯坦儿时的专注和坏脾气，最有发言权的一定是妹妹玛娅了。虽然儿时打打闹闹，兄妹俩懂事以后却感情极好，以至大半生在一起相濡以沫。成年后的玛娅常常回忆起哥哥的一件童年趣事。五岁的小爱因斯坦特别喜欢搭纸牌房子，经常安静、耐心地在餐桌上摆弄一个下午。有一次，他搭起了一座高达14层的纸牌房子。正当他站在椅子上小心翼翼地继续搭建时，生性活泼的小玛娅跑过来，拉着哥哥的衣襟也要一起玩。妹妹一来捣乱，纸牌房子瞬间轰然倒塌，小爱因斯坦怒不可遏，气得小脸煞白，随手抄起身边的物件砸向了妹妹。及至爱因斯坦成名后，玛娅还常常用手指着自己的头取笑哥哥："作为思想家的妹妹，必须要有一个结实的脑壳。"

而在爱因斯坦自己的儿时记忆中，印象最深的却是另一件事。也是在五岁的一天早上,小爱因斯坦迟迟不肯起床。父亲出门上班前过来道别时,发现儿子没精打采的,随口问道:"怎么了阿尔伯特,又和玛娅吵架了?你该让着妹妹的。"说罢他在小爱因斯坦额头上吻别。结果赫尔曼发现儿子的脑门有点热,可能是发烧了。他赶紧告诉波琳找医生来诊治,便急匆匆出门了。好在小爱因斯坦并无大碍,医生赶来治疗后,下午就退烧了。傍晚时分,赫尔曼一进家门就跑到儿子床前,得知病情已好转,才放下心来。为了哄儿子开心,他从包里掏出一个小纸包,举到小爱因斯坦眼前说道:"看,雅各布叔叔让我带给你的小礼物!"

\*
爱因斯坦与妹妹玛娅,1886年

每当我审视自己和我的思想方法，就趋向于一个结论——想象的天赋，其意义远胜于汲取纯知识的才能。

——爱因斯坦

# 第二章　1884　罗盘的奥秘

## 1884 年某日

慕尼黑 爱因斯坦家

  卧病的小爱因斯坦翻身下床，兴奋得都没来得及穿鞋子，就双手捧着小罗盘在屋子里转来转去，接着把小磁针的箭头和字母 N 对齐后，一直向前走。他出了房门，越过花园，走上街道，绕过建筑，穿过树林，一路上低头紧盯着那神奇的小磁针，只管跟随它的指引，全然不顾被硌疼的光脚，有几次还差点被绊倒。直到被眼前的大河阻路，才停下脚步。他在河堤的草地上坐下，把小罗盘捧于眼前，顺着磁针箭头的指向极目远望。"磁场……磁……场……"他嘴里喃喃自语着父亲告诉他的名词。小爱因斯坦不明白何为磁场，苦苦思索。那一刻，他似乎感觉到周遭的河流、树木、建筑都不见了，风声、水流声、鸟鸣声也都消失了，自己仿佛置身于一个宁静而空旷的所在，只剩下眼前那枚小磁针，被一种未知的力量控制着、牵引着。那种力量如此神秘而震撼，使得五岁的小男孩双手颤抖起来……

## 自然与宗教

　　小爱因斯坦从床上坐起身来，把爸爸带回来的小礼物捧在手心：一个镶着玻璃的黄铜小圆盒，中间横着一根针，一端是箭头模样，另一端是个圆圈，盒子底板上刻着一圈密密麻麻的刻度，还标着四个字母。看到儿子皱着眉头不解其意，赫尔曼连忙解释道："这叫罗盘，用来指示方向的。"说完他又扶住小爱因斯坦的手转动几下，补充道："你看，把箭头和字母 N 对齐，就指向正北方，相对的小圆圈就指向正南方，两边就是西和东喽。这个小玩意儿用处可大了，有了它你就永远不会迷路，听说是古代中国人发明的。"小爱因斯坦把小罗盘左转转、右转转、上翻翻、下看看，那根小针果然始终指向一个固定的方向。"爸爸，是谁在控制着小针呢？"他发现小针只是悬在一个小小的顶针上，并没有其他任何装置，于是不解地问道。赫尔曼只是简单说了一下小针是磁针，依靠地球磁场的磁力吸引而保持固定指向。

　　小爱因斯坦捧着小罗盘一路向北跑出门去，坐在河边琢磨着心中的疑惑：什么是磁？什么是磁力？什么是磁场？为什么磁场会有磁力？为什么磁力会控制小磁针？对于成年人来说，似乎这些自然现象是习以为常的，根本不需要解释，也没有几个人会认真地想这类问题。可五岁的小爱因斯坦却投入地思考着答案。他不理解父亲给出的解答，但身边的自然、头顶的天空、手中的磁针，已经在他脑海里开始建构一个虚拟的空间，小小的他置身其中，试图找到某种答案、某种关系，或是某种秩序。此时懵懂的他，当然得不到答案，但已经埋下了思想的种子，也激发了最宝贵的两种品质——好奇心和想象力。

　　对世人"习以为常"的事物——磁场、光线、时间、空间、物质、能量、惯性、运动——产生好奇、发出质疑和深入探究，这种超乎常人的品质使爱因斯坦终其一生都对宇宙自然葆有孩童般的直觉和敬畏，也是他在科学上做出震惊世界的伟大发现的先决条件。比如我们现代人，如果想去一个地方，就会下意识地掏出手机，打开地图，根据定位去选择交通工具，轻松搞定。但有谁会对这种"习以为常"进行思考：手机是怎么运作的？定位是如何实现的？卫星信号是怎么传输的？无论科学技术发展到何种地步，人类文明进步也需要好奇心这个强大的引擎。

而爱因斯坦从小就形成的这种类似冥想的思考方式则可能得益于他天生的空间想象能力，并在他的一生学术生涯中屡屡扮演举足轻重的角色。想象力为他的好奇心插上了翅膀，在他的脑海中，文字、语言都要让位于数字和图形，这也许能解释他三岁才开始说话的奇怪现象。

五岁的小爱因斯坦从一只小罗盘开始对大自然萌发模模糊糊的认识，一年后，他又对宗教有了深刻的印象，只是过程稍显苦涩。

1885年，小爱因斯坦年满六岁，到了上学的年龄，父母却犯难了。他们面临两种选择：能联系到的犹太教小学都离家甚远，让从小性格孤僻的儿子住校恐怕放心不下；离家近的几所学校又都是天主教小学，即便当时的慕尼黑还没有那么强烈的反犹太风潮，他们也不想让本就不合群的小爱因斯坦在同学里显得更加格格不入。犹豫再三，夫妇俩决定选择相对稳妥的后者。

上学头几天，小爱因斯坦还沉浸在学校生活和课堂教学的新鲜感之中，并没什么异样。渐渐地，他感觉到气氛有些不对劲了。这所天主教小学里，一共70个学生中，只有小爱因斯坦一个犹太人。学校里的几位老师还算和善，并没有明显表现出对犹太人的歧视，但毕竟是天主教学校，在教学中难免会涉及宗教矛盾。当时的小学中，教学内容除了语言文法、初级算术以外，最重要的就是宗教教义启蒙。天主教是基督教的一个分支，追本溯源也脱胎于犹太教,但经过教廷一千多年的经营,其教义在欧洲大陆信众的心中已经根深蒂固,而犹太教则被视为异教屡遭打压。

一次课堂上,老师讲授天主教起源时,举起一根特大的钉子,激愤地说道:"孩子们,看看,犹太人就是用这种钉子把救世主耶稣钉死在十字架上!"老师还陶醉在动情的说教中,小同学们却纷纷把目光投向了小爱因斯坦。几岁的小孩子本没有恶意,但老师、家长不停说教下的耳濡目染,让同学们逐渐把小爱因斯坦孤立起来。小爱因斯坦性格本就有些内向,不喜欢热闹,学习成绩还比其他孩子都好,由此招来的敌意越发深重。学校里,同学们会故意找他的麻烦;放学路上,他们也会对他推推搡搡,甚至骂他"肮脏的犹太人"。小小年纪的爱因斯坦第一次有了"局外人"的感觉。

细心的母亲发现了儿子的异常,有时衣服脏了破了,有时小嘴噘着,有时脸上还挂着泪痕。波琳找来丈夫,一起询问儿子是否在学校被人欺负了。小爱因斯坦起初不愿说出实情,最后憋不住了,终于开口问道:

"爸爸,我们犹太人是罪人吗?"

"当然不是了!"赫尔曼抚着儿子的头,正色道,"咱们犹太人是历史悠久的伟大民族!"

"那么犹太教是邪恶的吗?同学们都说耶稣是犹太人害死的。"小爱因斯坦追问道。

"犹太教和天主教、基督教、伊斯兰教都是宗教的一种啊,再说了,耶稣本人不也是犹太人吗?"赫尔曼笑笑答道。

"那,咱们是犹太人,为什么你们不祈祷,星期日也不去教堂诵经呢?"小爱因斯坦歪着脑袋继续刨根问底。

"你爸爸觉得那些形式都是迷信。"波琳插话道,"乖孩子,信什么教不重要,只要做个像爸爸那样善良的人就可以了。"

"听着，阿尔伯特，"赫尔曼按住儿子的双肩，郑重地说道，"宗教只是信仰的一种，信仰什么是你的自由。但不管什么时刻，你都永远不能忘记咱们是犹太人。犹太人永远是善良的、坚强的，"说着他又用手指点了点儿子的脑门，"还是最聪明的！"

小爱因斯坦破涕为笑，扑进爸爸怀里。他自那一刻起，在一生波折的思想和生活历程中，始终不变的就是对犹太民族的眷眷深情，无论是对亲友族人还是芸芸众生。

母亲波琳看着父子俩深情相拥倍感欣慰，同时也心疼儿子，决定想个办法帮他排解孤独和苦闷。几天后，波琳把一个长盒子放到刚放学到家的儿子面前。小爱因斯坦一下子就认了出来。

"哇，小提琴！送给我的吗，妈妈？"

"当然了。今天起，妈妈就教你拉琴，好不好？"波琳说着打开了琴匣。

"学校里有音乐课，教过一点，不过……"小爱因斯坦抚摸着光亮琴面的优美曲线，拨了几下琴弦，"我试过，拉得很难听，同学们都笑我……"

"别怕，阿尔伯特，妈妈在家里教你，学会了就可以和雅各布叔叔在周末音乐会合奏了！"

妈妈的耐心，再加上自己的聪慧，小爱因斯坦很快就入门了。半年后，拉得有模有样的小爱因斯坦就跑去向叔叔雅各布展示自己的技艺。雅各布并没有马上夸奖小侄子，而是把他拉到钢琴的旁边。叔叔先是大致讲了讲浅显的乐理知识，接着在钢琴上按下一个个和弦，并让小爱因斯坦配合拉起小提琴的和音。工程师出身的雅各布告诉侄子，音乐的美妙源自和谐，和谐是基于琴弦不同长度的振动组合，这和数学结构一样神奇而精巧。小爱因斯坦没有马上听懂，却直觉地感受到叔叔说的这些关联是真实迷人的，反复默念着雅各布提到的几个词："和谐……优美……数学……"

小爱因斯坦对音乐有了新的认识，不仅爱上了小提琴，也爱上了其他音乐形式，而雅各布叔叔的点拨更是让他对音乐以及一切美的事物拥有了欣赏能力。他开始参加周末音乐会，聆听母亲弹奏的莫扎特的奏鸣曲，跟着父亲吟诵席勒优雅的诗句。那把小提琴既是他珍爱的乐器，也是孤僻的他儿时的玩伴。他对小提琴的呵护如同对亲妹妹玛娅一样，甚至还给它起了个名字叫"丽娜"。"丽娜"伴随着小爱因斯坦度过童年，小提琴也将是他从不离身的"终身伴侣"。

此外，他还慢慢发现，每当拉起小提琴，自己似乎就被音乐从现实中隔离开来，独自沉醉在只有音符和律动的纯净空间里。他闭上双眼，任由思绪在自己构建的空间里翱翔：在那里，没有宗教歧视，没有现实纷扰；在那里，可以天马行空地想象一个虚拟的宇宙；在那里，飘荡着各种音符、数字、图形，组合成难以名状的和谐之美。

但当小爱因斯坦沉浸在美妙的想象空间里时，也会被不和谐的声音打扰。军号声、口号声、踏步声、欢呼声从窗外传来，瞬间把他拉回现实。一队队普鲁士军人戴着尖顶头盔、穿着挺括的制服、脚踩高筒皮靴，铿锵有力地列队行进。街道旁都是欢呼的人群，还有一群小孩子，学着军人的样子，昂首阔步地紧跟在队列后面。

此前的普鲁士王国经过几次对外王朝战争，统一了大部分德意志地区，建立了德意志帝国，适时国势正隆。"铁血宰相"俾斯麦在军政界叱咤风云、野心膨胀，谋求继续扩张国土。尽管军国主义和民族主义尚未大行其道，但德意志民众大多崇尚武力兴国，自然对军人极其尊崇，进而感染着小孩子们也对军人满怀憧憬。

在窗口默默观看的小爱因斯坦却对眼前群情激奋的景象不以为然，甚至厌恶至极。几岁年纪的他倒还没有产生反对军国主义和战争的思想，只不过在他看来，那些普鲁士军人就像提线木偶一样被人操控着喊出一样的口号，迈着一样的步伐，从身体到精神都失去了自由，他绝不愿做这样的"机器人"，一辈子都不愿。

小爱因斯坦不喜欢机械服从命令的军人，也不喜欢和小伙伴们一样玩模仿士兵的游戏，甚至连学校里的体育课都不愿意上。当时学校里流行模仿军队的准军事化管理方式，体育课上，老师就像军官一样带领小同学们练习列队行进，乐此不疲。每逢此时，小爱因斯坦都躲得远远的，他的全部精力都放在了学习上，成绩总是名列前茅，尤其是数学。

## 代数与几何

刚入学的时候，小爱因斯坦就显露出理科的优势，语言、文法、修辞、历史课的成绩很一般，数学的成绩一直名列榜首。在同龄孩子还在为加减乘除苦恼的时候，他已经凭借天生的聪敏和对数学的痴迷获得了高于常人的数理思维方式，所以那些小学的算术题对他而言已经是手到擒来。每次数学考试都稳拿第一，不由得让他骄傲起来，不时地拿着成绩单给父母报喜，还找工程师叔叔去炫耀。

雅各布看着满分的数学试卷，微微一笑，没有马上夸奖，而是出了一道题要考考聪明的小侄子。

"有一位古希腊人，在他人生中 1/4 时间是小男孩，1/5 时间是青年，1/3 时间是壮年，最后度过了 13 年的晚年时光。"雅各布停顿了一下，抛出问题，"那么请问，此人活了多大岁数？"

小爱因斯坦一听就来了精神，也不用纸笔计算，就站在那儿皱着眉头思考。

"60 岁！"只用了 1 分钟，他就得意地给出了正确答案。

"答对了。不过，"雅各布追问道，"你能写出解题过程吗？"

"过程？"小爱因斯坦挠着头,"我就是一点点想出来的啊。"

"只凭小聪明猜出的答案可不行。"说着,雅各布拿起那张数学试卷翻过来,在背面写上了一个字母"$x$"。

"这是什么？"小爱因斯坦好奇地盯着字母。

"我们要找的答案就像一个猎物,在没有找到它的时候暂时称之为'$x$',然后继续追赶,直到捕获它为止。"一边说着,雅各布一边写下了解题方程式:

$$x = \frac{1}{4}x + \frac{1}{5}x + \frac{1}{3}x + 13$$

$$x - (\frac{1}{4}x + \frac{1}{5}x + \frac{1}{3}x) = 13$$

$$\frac{13}{60}x = 13$$

$$x = 60$$

小爱因斯坦瞪大了眼睛,马上就明白了方程式的含义,惊喜地喊道:"太神奇了！老师可没教过这种方法,这叫什么,雅各布叔叔？"

"这就叫代数,"雅各布目光炯炯,"一门带来快乐的科学！"

代数学可以说是体现人类智慧的一项伟大发明。远古人类在生产生活中只需要简单的算术,但随着文明程度提高,人类在分配资源、建筑测量、计算税收时遇到了更复杂的情况。起初,古人都用语言来表述问题,再用算术或几何方法解题,即上述雅各布的提问方式和小爱因斯坦最初的解题方法。成书于公元 1 世纪,由三国时期刘徽作注的中国古代数学专著《九章算术》中,第七章"盈不足"和第八章"方程"都涉及方程组的解法。公元 3 世纪的古希腊人丢番图最先引入了未知数 $x$,创造了新的运算方式。公元 9 世纪的波斯数学家花剌子密在著作《代数学》中明确提出了代数、已知数、未知数、根、无理数等一系列概念,创立了与几何学并列的独立学科，他也被后世尊称为"代数学之父"。从此，人类在生产生活中和探索宇宙自然真理时又多了一把利器，用未知数、等式以及随后发展出的更高级的方法，抽象地描述和解答数量、关系、结构等一系列难题。

小爱因斯坦被这种神奇的算法迷住了，代数学不仅能准确、便捷地解答难题，还提供了一种新的思考方式。通过雅各布叔叔的指引，小爱因斯坦一只脚已经踏入了数学殿堂的大门，而且很快，第二只脚也跟了上来。

出了代数题后，雅各布发现小侄子不仅迅速就掌握了，之后还能举一反三，他更加相信小爱因斯坦是个数学天才，于是决定再增加难度。一天，雅各布在纸上画了一个直角三角形，递给小爱因斯坦。

"阿尔伯特，你们老师讲过毕达哥拉斯定理吗？"

"没讲过，不过我知道，直角三角形两条直角边的平方和等于斜边的平方！"小爱因斯坦把纸递还给叔叔，得意地答道。

"很好！那么你就证明给我看看。"叔叔把纸条再次推回去。

"证明？"小爱因斯坦糊涂了，"什么是证明？为什么要证明？"

"通过演绎推理才能证明这个结论是定理，否则，"雅各布一本正经地说道，"只能称之为假说。"

小爱因斯坦看到叔叔如此严肃，也郑重地拿好纸笔，开始凝神思考。

雅各布叔叔提出的证明毕达哥拉斯定理是一个历史悠久的几何问题。几何学是人类最早使用的数学方法之一，公元前3000年的古人就在建筑测量中开始使用。著名的毕达哥拉斯定理实际上在公元前1500年左右就被古埃及人和古巴比伦人发现了，古代中国周朝时期的商高也提出了"勾三股四弦五"的特例（勾股定理），但是直到公元前6世纪才由古希腊毕达哥拉斯学派提出了证明方法，中国的《九章算术》中第九章"勾股"也专门对证明进行了阐述。

在古代，几何是学者们相当重视和倚仗的数学学科，甚至在今天大学的原型——古希腊柏拉图学园的门口挂着的牌子上都写着：不懂几何者禁入。欧几里得的伟大著作《几何原本》更是旷世之作，不仅是数学经典，也为后世科学家的研究方法树立了范式，在西方世界是传播量仅次于《圣经》的书籍。在这之后，代数学的出现丰富了数学家的手段，使得他们可以两条腿走路。17世纪，法国数学家、物理学家、哲学家勒内·笛卡尔提出了坐标系概念，一举把看似关系不大的代数与几何整合在一起，发明了解析几何学。从此，数字和图形划时代地结合在一起，数学家们借此利器可以研究更为复杂的数学、物理难题，也使得伟大的牛顿和莱布尼茨发明微积分成为可能，进而影响着后世科学家研究出更加丰富的数学研究方法。

正如雅各布所说，古代科学家们早已意识到论证的重要性，人类通过观察和经验所得的规律和假说只有通过数学推导或物理实验证明，才能称之为定理。具体到毕达哥拉斯定理的证明方法，如今已经出现了上百种，而小爱因斯坦既没在学校学过证明方法，更没有读过《几何原本》，一时愁眉不展。他只能像没头苍蝇一样，凭着直觉在草稿纸上尝试各种方法。一周时间过去了，他毫无进展，两周也过去了，连解题的头绪都没有，但他有股倔强的劲头，决意不去请教叔叔，一定要自己搞个明白。

眼看三周时间也要过去了，小爱因斯坦吃不香、睡不好，开始烦躁了。他抛掉纸笔，气鼓鼓地坐到床边，一歪头，看到了小伙伴"丽娜"。于是，他为了排解烦闷，走到窗前，拉起了心爱的小提琴。在纯净、悠扬的琴声里，小爱因斯坦缓缓闭上了眼睛。他的脑海里也逐渐变纯净，音乐如橡皮擦一样，把之前交织在一起的乱糟糟的图形和公式都擦得一干二净。慢慢地，那个纯净的空间里出现一条线段，接着三条线段组合成一个直角三角形，又出现了一条垂线，从图形上再出现字母，字母又飘下来组成公式……

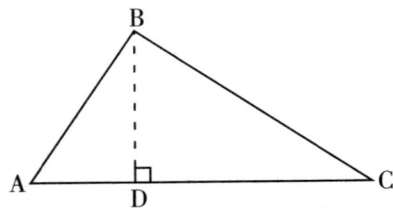

由△ADB∽△ABC得出 $AD/AB = AB/AC$

即 $AD \cdot AC = AB^2$ （1）

同理△BDC∽△ABC得出 $CD/BC = BC/AC$

即 $CD \cdot AC = BC^2$ （2）

由（1）和（2）相加可得

$AD \cdot AC + CD \cdot AC = AB^2 + BC^2$

$AC(AD + CD) = AB^2 + BC^2$

$AC^2 = AB^2 + BC^2$

经过三周的苦思冥想，小爱因斯坦利用相似三角形性质独立证明了毕达哥拉斯定理，体验到了前所未有的满足感和数学的巨大魅力。更重要的是，他构建的思维空间不再像此前那般混沌和杂乱，而有了代数的引擎和几何的翅膀。这种"思想实验"的独特方法逐渐成形，使得他在未来面对任何不可思议的宏大难题时，都可以忘我地任凭直觉和想象力遨游，直到灵光乍现的那一刻，而这个奇妙实验室就是他的大脑。

很快，小学里教授的数学知识已经不能满足小爱因斯坦的渴求了，父母只得早早安排他上中学了。

## 宗教与科学

1888年，9岁的爱因斯坦进入慕尼黑鲁伊特伯德文理中学。入学一段时间后，他感受到喜忧参半：喜的是，该校教学质量很好，除了常见的拉丁文、希腊文课程，尤其注重数学、物理等自然科学素质的培养；忧的是，校园生活也是类似军事化管理，比起小学来有过之而无不及。另有一点值得欣慰的是，学校里有一些犹太裔同学，而且校方还专门配备了一名犹太教师。

小爱因斯坦的父母都是无神论者，从来不相信宗教教义，不遵守犹太教传统习俗，也不参加安息日的宗教活动。犹太教师教授的宗教故事与教义让他觉得既新鲜又迷人，那种由万能的神所创造的理想世界的美好秩序使人憧憬。于是，他瞒着家人偷偷阅读一些宗教典籍，暗自遵守着犹太教的饮食禁忌。每到星期日，他都要独自去教堂祈祷，回家的路上还哼着颂歌。小学时被欺侮的伤痕慢慢愈合，小爱因斯坦也有了暂时的心灵寄托。

赫尔曼夫妇虽说不信犹太教，但始终对本民族饱含深情，而且不管是做生意还是做人，都秉承着善良、诚信、博爱的道德标准。他们摒弃了大多数形式上的宗教习俗，唯独保留了一个传统：每个安息日邀请一位穷苦的犹太学生用餐。不过，夫妻俩不愿过安息日，于是把日子改成了每周四，受邀的是一位医学院的俄国大学生马克斯·塔尔穆德。

塔尔穆德身处异乡、穷困拮据，初来爱因斯坦家时还略显拘谨，不过很快，就因这一家人的善良和热情打消了疑虑，还和小爱因斯坦成了好朋友。21岁的塔尔穆德每周四按约前来共进晚餐，饭后闲聊的时候，小爱因斯坦总会抓住机会问一些数学上遇到的难题。塔尔穆德逐渐发现，这个一头黑色小鬈发、白白净净、眼神清澈灵动的10岁小孩与众不同：他几乎不和小朋友们一起做游戏，酷爱阅读但从不看少儿读物，不仅聪明好学、可爱而有礼貌，而且每次提出的问题都相当有水平，远超同龄人。

为了报答一家人的善意，也因为喜爱这个渴求知识的少年，塔尔穆德不厌其烦地解答问题，还送了他一本名为《欧几里得几何》的小册子。小爱因斯坦一拿到手就如获至宝，马上抱着书蜷缩到沙发的一角读了起来。

这是他第一次接触到系统讲述几何理论的书籍，远非以前从雅各布叔叔那里得到的粗略知识可比。那些表述、图形、推理无不逻辑清晰、井然有序、优雅美妙，沉醉其中的愉悦感比他证明毕达哥拉斯定理时还强烈。多年以后的一次讲演中，爱因斯坦曾经如此评价："如果欧几里得没能激发你少年时代的激情，那么你天生就不是科学思想家。"沉浸其中的他只用了一周时间就把整本书读完，并把遇到的问题记下来，准备和塔尔穆德见面时求教。

下个周四，塔尔穆德看到小爱因斯坦写下的问题，大吃一惊：这个孩子不仅如此快就读完了专业几何书，而且从他提出的问题来看，书中的大部分基础知识已经几乎掌握了。塔尔穆德惊讶之余，在和小爱因斯坦的交谈中感觉到，这个聪明少年的求知欲远不限于数学，于是决定再送他一本自己喜欢的科普书。

小爱因斯坦翻开《物理科学通俗读本》，第一句话就紧紧吸引了他："如果人类诞生时没有眼睛，那么我们感知的世界将是什么模样？"随后，在这一卷中，作者主要探讨了光的问题。小爱因斯坦紧跟着书中的论述，大脑飞速运转：光是什么？光线由什么组成？光是怎么传播的？光速是多少？他瞬间沉浸在光的奥秘里。光，给人类带来光明、温暖、动力和勃勃生机，也照亮了小爱因斯坦内心尚且懵懂的世界。

小爱因斯坦几乎是一口气读完了这本书，迫不及待地要求塔尔穆德找来全套读本。《物理科学通俗读本》一共20多卷，是当时科学爱好者极为推崇的科普读物，作者艾伦·伯恩斯坦是德国籍犹太人。这套书讲述的内容从太空到地球，从生物到物理，从现象到常识，从实验到理论，大到惊世奇迹，小到咖啡啤酒，大千世界无所不包，堪称名副其实的百科全书。该书不仅内容丰富，而且语言生动、图文并茂，着实让小爱因斯坦大开眼界，对于他未来伟大的学术发现和哲学思想形成扮演着无可争议的启蒙角色。

伯恩斯坦在书中曾经让读者想象自己坐在飞驰的火车上：一颗子弹穿

过车厢，由于车速极快，那么子弹在车厢里的轨迹应该是一条斜线，因为在此过程中火车已经驶过了一段距离。与此类似，地球也在运动中，那么遥远的星光射进望远镜筒里也应该发生偏折，但实际观测现象并不是这样。伯恩斯坦的结论是：光速是恒定不变的。这个假想的场景和结论给小爱因斯坦留下了不可磨灭的印象，反复浮现在他的脑海里，并在日后做出伟大发现的关键时刻引爆他的灵感。此外，伯恩斯坦的描述方式也和小爱因斯坦此前经历的"思想实验"不谋而合，这种思考方式也将成为日后他从事科学研究时的重要手段。于普通人而言，当然也有过类似的体验，或是异想天开，或是白日做梦，但是爱因斯坦的"思想实验室"里有数学的利器，有物理的直觉，还有无远弗届的思想，大到能装得下整个宇宙。正如伯恩斯坦在书中说过的那样："人的思想如此伟大，比眼睛看得更远、更清晰。"

这套书对爱因斯坦另一个巨大影响是，在他还没接触到高端的数理知识前，已经树立了宏大的科学观。伯恩斯坦在书中表达了这样一种渴望：将自然界所有的力统合在一起。当时科学界的认知中，光、电、磁以及引力都是相对独立存在的。但伯恩斯坦大胆猜测，并坚信人类通过感知所得到的一切概念背后都潜藏着统一性。此时的小爱因斯坦当然无法准确理解这段话的深刻内涵，但他已经在心里深深埋下了这样的直觉认识：统一的就是和谐的，和谐的必是简洁的，简洁的才是优美的。这种美如星辰运转，亦如音符流动，已经悄悄融入爱因斯坦的血液。

伯恩斯坦给爱因斯坦的启发将体现在他前半生的伟大发现上，也萦绕在他后半生的苦苦求索中。多年以后，爱因斯坦在纽约与已经移民并改名为塔尔梅的塔尔穆德重逢，谈到这套书时说道："它对我的整个发展产生了很大影响。"对于幼年的爱因斯坦来说，雅各布叔叔是手把手把他领到科学乐园大门前的人，而塔尔穆德就是缤纷乐园里的称职导游。

除了这套通俗读本，塔尔穆德还给小爱因斯坦推荐了弗里德里希·布赫纳的《力与物质》和亚历山大·冯·洪堡的《宇宙》。这两本书从自然科学和博物学的角度阐述着同样的观点：自然法则是真理。这两位学者和伯恩斯坦一样怀着追寻宇宙自然真理的梦想，认为达到真理和本质的唯一路径就是科学，而宗教、霸权都是拦路虎。布赫纳写道："在科学面前，一切神魔的威权都将顷刻化为乌有！"他们阐述的客观事实、理性观点和以科学为终生奋斗目标的精神，激励着、改变着小爱因斯坦。

塔尔穆德仍然每周四来爱因斯坦家就餐，但是他压力越来越大，因为小爱因斯坦提出的自然科学问题他已经快答不上来了。家人们经常能看到饭后二人坐在沙发上，大学生被中学生问得支支吾吾、狼狈不堪。于是，在小爱因斯坦还要推荐新书时，塔尔穆德实在被缠不过，迫不得已送了一本《纯粹理性批判》。塔尔穆德心想，这可是伟大哲学家康德的著作，13岁的孩子看得懂才怪。小爱因斯坦确实不可能在当时真正读懂高深的哲学理论，不过他仍然顽强地啃完全书，也收获了康德关于两种真理区别的论述：真理分为先验的（如2+2=4）和经验的（如太阳比地球大）。随后，他又阅读了哲学家休谟和马赫的著作，并意识到了怀疑是追求真理过程中的一种宝贵品质，即"对一切不能直接由感官感知的知识都表示怀疑"。这些哲学理论都为他一生的科学发现和哲学思想播下了种子。

时光荏苒，爱因斯坦在书籍的海洋中度过了少年时光，他的个子慢慢长高了，而他心智和思想的变化更是天翻地覆。在12～15岁这个时期，他自学了包括微积分的高等数学；物理学方面，他研读了哥白尼、伽利略、开普勒、牛顿、法拉第、麦克斯韦等人在科学史上的重大发现；哲学、博物学书籍也在他的涉猎范围之内。除了学术上，爱因斯坦在音乐上的造诣也大有提高。幼年的他还只是关注演奏技巧上的准确和旋律的优美，如今他不仅已经能在小型音乐会上独立演奏小提琴，而且能体会到旋律背后的诉求与情绪。每当他在静夜里拉起莫扎特e小调奏鸣曲时，那种明亮、轻盈、优雅、深邃的和谐之美，令他如痴如醉。

此时的爱因斯坦已经日渐成熟，如果说幼年时他对科学的认知更像是一种有趣的游戏，如今知识储备和思维跃升让他拥有了自己的科学信仰，一种渴望宇宙自然秩序统一和谐的信仰。正因如此，他对宗教的看法发生了彻底的转变。小学时他处于天主教教义的笼罩下，刚入中学时犹太老师灌输的是

*
14岁的爱因斯坦，于慕尼黑

犹太教思想，但他如今坚信世界上万事万物绝不是由万能的神创造的，这一切都诞生于自然，也遵循自然法则而生生不息。人的思想是自由的，不应该被任何宗教教义束缚。除了和家人一样认同的宗教仁爱道德观，他开始摒弃此前坚守的犹太教习惯，也不再参加安息日的宗教祈祷，从此与任何宗教再无瓜葛。

爱因斯坦的思想冲破了宗教的藩篱，面对的另一道阻碍就是权威。鲁伊特伯德中学就是权威至上之地。在学习上，爱因斯坦的数理水平不仅超过了所有同学，甚至在某些层面上已经超越了个别老师。每当遇到老师在课堂上讲错的时候，直率的他总会站起来指出错误之处。爱因斯坦视为美德的怀疑精神却遭到老师的斥责。在当时的鲁伊特伯德中学里，老师就是教学权威，不容任何置疑。可爱因斯坦通过几年的自学已经有了自己的科学信仰，坚信"盲目迷信权威是真理的最大敌人"，于是他我行我素。老师

们开始把爱因斯坦视为桀骜不驯的害群之马，把他的座位调到了课堂的最后一排，而且不再让他发言，同学们也开始孤立他。爱因斯坦不为所动，再遇到老师讲错的时候，就在座位上冷笑以示抗议。学校的训导主任曾经把他父亲请来学校告知爱因斯坦的"劣迹"，而且当赫尔曼赔笑地询问自己孩子将来适合做什么职业时，主任冷冷地回道："什么工作都一样，您的孩子将来注定一事无成！"

除了教学上的权威，鲁伊特伯德中学的准军事化管理也让爱因斯坦心生厌恶。1890年3月，"铁血宰相"俾斯麦下野，继位不久的皇帝威廉二世独揽大权，德意志帝国由此走上了军国主义的不归之路。德皇扩张国土、殖民海外的野心勃勃，全国上下充斥着穷兵黩武的戾气。鲁伊特伯德中学的学生们在学习之余，也会在老师的带领下到操场上进行准军事训练。师生们激情澎湃，爱因斯坦却冷眼旁观。在他眼中，那些喊着口号、动作整齐划一的人已经从身体到灵魂失去了自由，变成了国家的武装机器。爱因斯坦成年后曾经这样回忆这段压抑的经历："如果小学时的老师像军队里的中士，那么中学里的老师就像中尉。"学校里的权威压迫和军国主义气氛如同宗教一样禁锢着人的思想，让爱因斯坦感到窒息，他渴望新鲜空气，渴望自由。

祸不单行，小爱因斯坦陷入困境时，老爱因斯坦也是焦头烂额。爱因斯坦兄弟的电气公司初创时有声有色，员工最多时达到了200余人，也接到了慕尼黑啤酒节照明工程这样的大订单。赫尔曼东奔西走联系业务，雅各布还坚持研发新产品，并获得了6项商业专利。但好景不长，随着德国电气化事业爆发式增长，新兴的小公司如雨后春笋般冒了出来，而此前垄断德国北部的西门子公司也开始拓展南部业务。业界大鳄和新鲜血液同时发力，把爱因斯坦兄弟公司的发展空间一再挤压。赫尔曼不善钻营，雅各布只关心技术，二人在竞争中屡屡败下阵来，公司运作资金捉襟见肘。

1894年,慕尼黑市中心照明工程招标,赫尔曼为了公司生存下去要搏一把。他四处借债,并把自己的房产抵押,决意孤注一掷。谁知,最终他在竞标中落败,爱因斯坦兄弟公司宣告破产。两家人顿时陷入朝不保夕的困境,连房子都不是自己的了。当时,小爱因斯坦只是15岁的少年,中学还没毕业,也帮不上家里的忙,只能跟着干着急。

一天晚餐结束后,一家人围坐在餐桌前,闷闷不乐、一言不发。赫尔曼犹豫再三,还是开口了:"意大利的经销商邀请我们去他们那里发展,我和雅各布已经商议过了,打算再试一试。"雅各布默不作声地点了点头。"今晚大家就打点好行装,明天一早所有人在门口集合,"赫尔曼顿了一顿,转向小爱因斯坦,"除了……阿尔伯特。"

我没有特别的天赋,
只有强烈的好奇。
——
爱因斯坦

# 第三章　1895　阿劳的阳光

## 1895 年夏日

阿劳

　　傍晚时分，一行人在山腰上小憩。爱因斯坦和温特勒家的孩子们举目四望：汝拉山脉郁郁葱葱，隐约可见藏在林间的中世纪神秘古堡；阿勒河蜿蜒、宁静、波光粼粼；阿劳古镇中袅袅的炊烟，萦绕在五颜六色的屋檐之间。夕阳留恋地挂在山巅，映照着活力四射的少年们。玛丽抬起双手挡住刺眼的晚霞，橘红色的光线穿过指缝直射在少女苹果般的脸上。爱因斯坦歪过头来，一刹那看呆了。玛丽被他盯得不好意思了，笑道："嘿，阿尔伯特，想什么呢？"爱因斯坦没有躲开，反而凑近了些，盯着那指缝间泄出的几道光线，伸出手去触摸它。"我在想，如果我能以光速去旅行，"他出神地说道，"会发生什么……"

## 阳光旅行

爱因斯坦不敢相信，从小没离开过家人的他，要被抛弃了。原来父亲和叔叔的公司宣告破产，在慕尼黑已没有生存空间。但二人不甘失败，按照一家经销商的建议，准备到电气化发展程度不高的意大利开拓新市场，另一个有利条件是波琳家境富裕的兄弟就在意大利，可以提供资金支持。两家人随即打点行装南下米兰，离开了曾经充满欢乐的家，只留下尚自发愣的爱因斯坦。

赫尔曼的意愿很明确：爱因斯坦必须独自留下修完剩余的中学课程，毕业后找一家技术学校进修，将来成为一名电气工程师，重振家族企业。爱因斯坦只得按照家人的安排寄宿在远房亲戚家，独自生活。在学校被师生们孤立排挤，放学后寄人篱下，前所未有的孤独感笼罩着他。难挨的几个月过去了，转眼到了年底，爱因斯坦愈加烦躁，和老师们矛盾也越来越大，以致班主任找他谈话，斥责其不尊重老师的权威。爱因斯坦度日如年，在这个弥漫着军国主义、霸权主义的环境里压抑得无法呼吸，而妹妹玛娅的来信里描述的意大利自由、舒适的生活也让他憧憬，还有一个令他十分恐惧的原因：德国年满17岁的男子必须服兵役。

几番思虑，爱因斯坦有了个大胆的想法：逃离慕尼黑。他找塔尔穆德的医生哥哥开具了"神经衰弱"的诊断书，以此为由申请休学，巴不得他离开的校方即刻放行。临走之前，为了方便到意大利找新学校继续学业，他还机智地找到数学老师，开具了"该生数学知识已达到大学水平"的证明。

火车穿越雄伟的阿尔卑斯山脉，行人、街道、教堂尖顶逐渐消失在树木葱茏的大山背后。15岁的少年贪婪地呼吸着清新、自由的空气。别了，慕尼黑，别了，德意志！

　　1894 年圣诞节前两天，敲开房门的爱因斯坦让家人大吃一惊。不过，慈爱的妈妈、乐天的爸爸很快就原谅了他的先斩后奏，一家人在异国他乡再次欢聚一堂。一来因为米兰当地的中学只接收 13 岁以下的转学生，二来适逢新年将至，父亲就让爱因斯坦好好地放松了一段日子。他独自远足至亚平宁山脉的一个个山巅，徜徉于充满艺术气息的街头，还南下海滨城市热那亚看望了一贯在资金上给予支持的舅舅。北意大利的淳朴民风和自由空气让他沉醉，醇厚的咖啡比掺杂喧闹的啤酒还美味，悠扬的歌剧比充满戾气的军号更怡人。

　　次年春天，由于电气公司业务的转移，爱因斯坦随全家迁至米兰南方的小城帕维亚。在那里，爱因斯坦一边在叔叔雅各布的工厂里帮忙，一边自学大学课程。在工程师们的指导下，他很快就熟悉了那些蒸汽机器、线圈、磁体、电流的运作机制，对电磁方面有了些真切感知，而且有时候还能利用自己学到的知识帮上忙。一次，爱因斯坦协助完成了一个复杂的电机电量计算，雅各布拍着同事的肩膀自豪地说："您知道我的小侄子多了不起吗？我和助理工程师苦思冥想了好几天都没能解决的难题，这个小伙子不到一刻钟就搞定了。"

　　同时，赫尔曼也为了儿子的学业，托人联系到了邻国瑞士的苏黎世联邦理工学院。多亏了此前获得的数学老师的证明，校方破例特许年龄不够的爱因斯坦参加入学考试。为了备考，爱因斯坦买回了一大堆大学教科书，专注地研读起来。无论家里人来人往，还是妹妹和同龄伙伴在周围如何喧闹，爱因斯坦总能不受干扰地安静学习。他把一套大部头的《高等物理》认真地学习后有了心得，于是撰写了他人生第一篇理论物理学的小论文《磁场中的以太状态研究》。

　　16 岁的爱因斯坦第一篇尝试性的论文，并没有多大学术价值，但他已经逐渐明晰了自己未来的研究方向为理论物理,也开始注意到了以前没关注过的一个概念——以太。以太的由来相当久远,它是古希腊哲学家亚里士多德假想的一种充塞太空的物质。17世纪的法国科学家笛卡尔把以太这种哲学概念引入科学体系,他认为自然界各种力的传导都需要以太作为媒介。此后,以太和光的关系越发紧密。荷兰的克里斯蒂安·惠更斯和英国的罗伯特·胡克倡导光的波动说,并认为以太就是光波必不可少的传播介质。伟大的牛顿一度让光的粒子说占据主导地位,但他也不否认以太在万有引力定律中的介质作用。18世纪,光的波动说被主流学者们抛弃,支持以太的观念同时处于沉寂。19世纪初,英国物理学家托马斯·杨通过著名的双缝干涉实验,解释了一系列光的干涉、衍射、偏振现象,从而重新确立了光的波动说。随后,英国科学家詹姆斯·麦克斯韦通过对电磁学的潜心研究以及他超群的数学能力,发明了他那堪称完美的电磁学方程组,预言了电磁波的存在,并认为光也是一种横向传播的电磁波,把以太作为支撑其理论不可或缺的环境介质。

"光"和"以太"这两个概念将成为爱因斯坦未来的主要研究对象,引领他开创划时代的伟大理论。但此时,仅基于大学课本的研究尚且幼稚浅显,他的主要精力还放在备考上。1895年10月,信心满满的爱因斯坦踏上了开往苏黎世的火车。

谁知,入学考试结果却是意料之外,但也算情理之中:数学、物理成绩极其优异,文学、法语、动物学、植物学等科目考得一塌糊涂。综合成绩自然没法通过,向来严重偏科的爱因斯坦这次尝到了苦头。正当他无比沮丧、不知所措的时候,主考官、学院物理学教授海因里希·韦伯把他叫到了办公室。韦伯教授十分欣赏他数理方面的才能,建议爱因斯坦来旁听他的物理课。爱因斯坦犹豫不决,心想只是旁听也不算正式学生,一时不知道怎么回答。一旁的校长给了他另一个看似更可行的建议:找一家中学复读，来年再考。

爱因斯坦和家人商议后，决定听从校长的建议。可一想到重新上中学，爱因斯坦心里就五味杂陈，鲁伊特伯德中学几年的阴影还挥之不散，但为了心仪的联邦理工学院，他硬着头皮奔赴校长介绍的那所中学。事后证明，这一次小挫折，对他来说反而是因祸得福、柳暗花明。

阿尔高州立中学，坐落于苏黎世以西30多公里的小城阿劳。入学没几天，惴惴不安的爱因斯坦就发现自己的担心是多余的。在瑞士这个中立国里，完全没有德意志帝国那种令人压抑的军国主义风潮，也没有种族和宗教上的另眼相看，这里的人民包容温和，校园里的师生平易近人。

第一天进校，班主任就领着爱因斯坦参观了规模不大却设施先进的校园：教学楼窗明几净，仪器室里可以做物理、化学实验，小型博物馆供学生们制作标本和操作显微镜观察微生物，小图书馆里收藏丰富的图文资料供人查询。不仅如此，学校的教学理念更让他惊喜不已。阿尔高州立中学向来秉承瑞士独有的教育理念：尊重个性、注重理解。对比鲁伊特伯德中学，这所学校简直是为爱因斯坦量身打造的：霸道的教学权威变成了允许学生任何置疑的平等交流；填鸭式灌输的知识变成了自己动手的观察所得；学生们的互相排挤变成了少年们灵感的碰撞；操场上的整齐的步伐和口号声变成了实验室里的争论和欢笑声。此外值得一提的是，这里的老师尤其注意培养学生们的抽象思维能力。在理科教学中，老师们不会简单地通过教课、背诵、做题、考试这种模式，而是在孩子们遇到难懂的自然科学理论时，鼓励他们用图像思维方式去建立直觉上的认知，再通过老师的讲解，充分理解一项理论的内在逻辑，最后结合实验操作验证这个理论。这种注重图形的抽象思考方式恰恰是爱因斯坦从小就擅长并喜爱的。在阿尔高州立中学的一年间，他不仅把之前的语言、文学、生物、化学等短板一一补齐，而且夯实了本就很出色的数学物理水平，更加坚持自己独特的"思想实验"。在爱因斯坦的记忆里，阿尔高州立中学校园里的每一天都是阳光灿烂的。

比学业上如鱼得水更加幸福的是，生活中的爱因斯坦还收获了第二个家。阿尔高州立中学老师约斯特·温特勒高大、儒雅、风趣，除了教授历史和希腊文，还负责照顾爱因斯坦的生活。同样是寄宿家庭，慕尼黑亲戚家的态度不冷不热，温特勒一家人真诚的爱却温暖了少年孤僻、冷傲的心。爱因斯坦初来乍到就没有任何寄人篱下之感，温特勒一家大小都格外关照这个背井离乡求学的犹太小孩。随着相处日久，爱因斯坦逐渐敞开了心扉，释放了个性中的灵气和纯真，吸引并感染着一家人。每天的晚餐桌边都洋溢着欢声笑语、诙谐调侃、灵动激辩，爱因斯坦已经成为温特勒家的一员。

温特勒太太很喜欢这个聪明的孩子，无微不至地照料他的生活。而巧合的是，她有着和爱因斯坦母亲一样的名字——波琳，于是爱因斯坦便亲切地称呼她为"妈咪"。"妈咪"负责爱因斯坦的衣食住行，而"老爹"则是他的人生导师。温特勒先生思想开明，一向反对任何军国主义、民族主义的思想和行为，拥护国际主义、和平主义，倡导民主和自由。他的政治和社会思想在19世纪末的欧洲如一道清流，和爱因斯坦的理想十分契合。在德意志十多年的经历中，爱因斯坦耳闻目睹的都是傲慢、偏见、排挤和歧视，他梦想的完美人类社会应当和数学、音乐一样，和谐而优美。校园中、餐桌旁、书店里，情同父子的二人交流着哲学与历史、社会与国家、梦想与现实、过往与未来。爱因斯坦在"老爹"那里学到了比自然科学更深邃的政治思想和人生哲学，逐渐形成了自己终生秉持的世界观、价值观和人生观。温特勒在这个十几岁的犹太少年眼中，看到了智慧、灵气，也看到了和年龄不匹配的悲天悯人之情。

日渐成熟的爱因斯坦在温特勒家里也不缺同龄的玩伴。温特勒夫妇育有七个儿女，他们和父母一样也把爱因斯坦视为亲人。平日里，年长两岁

爱因斯坦在阿劳（前排左一），1896 年

的玛丽·温特勒辅导他的法语，弹起钢琴与他合奏莫扎特的奏鸣曲。放学后或者节假日里，年龄相差无几的年轻人们最喜欢到大自然中放飞自我。阿劳小城历史悠久、依山傍水、风景怡人，汝拉山脉森林茂盛，阿勒河水蜿蜒而过。他们徜徉于山巅和岸边，探访中世纪的古老城堡，沐浴着暖暖的夕阳。爱因斯坦迷恋这阳光：阳光下，美丽大方、善解人意的玛丽更显青春的活力；而阳光穿过指缝，犹如打开了时空隧道，吸引着他开启追光之旅。"如果我能以光速去旅行，会看到什么景象？"爱因斯坦不止一次这么想过。

这一年，爱因斯坦脱胎换骨。他长高长壮了，头发越发乌黑浓密，唇上也长满了细细的绒毛，举止儒雅、风度翩翩、英气勃勃；他的性格变了，不再是那个孤僻自闭、不愿与人交流的慕尼黑小孩，而是自信、幽默、开朗、热爱生活，时而凝神静思、时而语出惊人的少年；他的眼神也变了，鄙夷、抗拒甚至仇恨的目光不见了，褐色的眼眸中透露着机敏、睿智、深邃的光芒。温特勒一家改变、塑造了爱因斯坦，而他也回报以赤诚的情感。

离开阿劳后，即便天各一方，或鸿雁往来，或短暂探访，爱因斯坦始终和温特勒一家人保持着长久的友谊，并延续着不解之缘。多年后，爱因斯坦的妹妹玛娅嫁给了温特勒家的儿子保罗，而爱因斯坦的终生挚友贝索则娶了这家的女儿安娜。

这是爱因斯坦人生中最阳光的一年。在阿劳的阳光下，有教室里的苦读，有餐桌旁的欢笑，有家门口的叮嘱，有书店里的解惑，有山坡上的朦胧爱意，也有梦幻中的光速旅行。

## 理工学院

1895年年底，在阿尔高州立中学的结业考试中，爱因斯坦不出意外地取得了全校第二的优异成绩，顺利获得苏黎世联邦理工学院的入学考试资格。依依不舍地辞别"老爹""妈咪"和小伙伴们，自信满满的翩翩美少年踏上返回意大利的路程。

回到父母身边，他做的第一件事就是要求父亲帮自己申请放弃德意志国籍。受到温特勒先生的影响，爱因斯坦热爱自由平等的瑞士，厌恶军国主义、民族主义横行的德意志，他不愿意呼吸德意志的空气，也不愿做德意志的臣民，更不要为这样的国家服兵役。1896年1月，申请获批，将满17岁的爱因斯坦成为无国籍、无宗教人士。此时在他心里，归属的国籍是"自由"，信仰的宗教是"科学"。

爱因斯坦挣脱枷锁，对未来雄心勃勃，可父亲赫尔曼的前景却越发惨淡。1896年夏天，在帕维亚一项大型工程竞标中落败，爱因斯坦兄弟电气公司又一次宣告破产。雅各布心灰意懒，和兄长分道扬镳，打算找一家公司继续当工程师。赫尔曼不甘心就这么失败，举家搬回米兰，继续做着发电机的小买卖，等待东山再起。他把所有的希望都寄托在儿子身上。

可是爱因斯坦经过一年的阿劳生活，又看到了多年来家族公司的挣扎，他最初的想法已经变了。在他看来，电气工程远不如宇宙真理迷人，商业经营也不过是积累财富、改变生活质量，乏善可陈。"要为思想而思想，就像音乐一样纯粹"，这不是爱因斯坦年轻气盛的理想主义口号，而是他过去一年深受温特勒先生影响思想蜕变后发自内心的声音，热爱自由、崇拜真理胜过一切。

1896年10月，义无反顾的爱因斯坦时隔一年重返苏黎世，在这个瑞士最大城市乃至整个欧洲的金融中心里，开始新的历程。在理工学院的入学考试中，他的成绩名列第一，其中数学、物理取得高分，以前不擅长的法语作文也表现不俗，以一篇"我的未来计划"表达了毕业后成为教师的志愿。

苏黎世联邦理工学院是一所技术师范院校，学生不过千人，但师资一点不差。爱因斯坦入学选择的是数学/物理专业，而他显然更醉心于钻研物理。一年前就对爱因斯坦赞赏有加的韦伯教授正是物理系主任，此次师生重逢，颇有惺惺相惜之感。可在未来的四年大学学习生活中，二人的关系却没有想象中的那么美好。

起初，教授视学生为可造之天才，学生待教授为学术的偶像。韦伯教授的理论知识扎实、授课能力精湛，以至爱因斯坦选修了他的所有课程，还在韦伯教授主持建立的新实验室里实习。爱因斯坦的物理基础本就高人一等，在韦伯教授的悉心教导下，各门成绩都极其优异，还利用课余时间继续自学。两年以后，他通过自学接触了更丰富的前沿知识，对韦伯教授的看法逐渐发生了转变。

19世纪末，欧洲科学发展迅速，在生物学、化学、数学各个领域屡有新的发明和发现，而物理学的进展更加日新月异，研究重镇已经由传统的英法两国转移到了德意志，尤其是欧姆、楞次、赫尔姆霍茨、赫兹等巨匠引领了一系列电磁理论的发展。爱因斯坦渴望接触前沿理论，可他发现，赫尔姆霍茨的理论，麦克斯韦的电磁学方程组，以及19世纪中叶以后的物理学理论，都不在韦伯教授的教学计划之内。爱因斯坦开始不满了，骨子里挑战权威的性格再次展现。在他的科学世界里只有求知和自由，没有人情世故，即便是对曾经崇拜的恩师也不例外。面对昔日爱徒在课堂上屡屡置疑，韦伯教授自然脸面上十分难堪。几番争执，二人互不相让，最终势同水火。爱因斯坦视恩师为"老古板"，不值得他尊重，甚至在称呼上都省略了"教授"的敬语而直呼其名；韦伯教授也怒不可遏，对这位聪颖过人

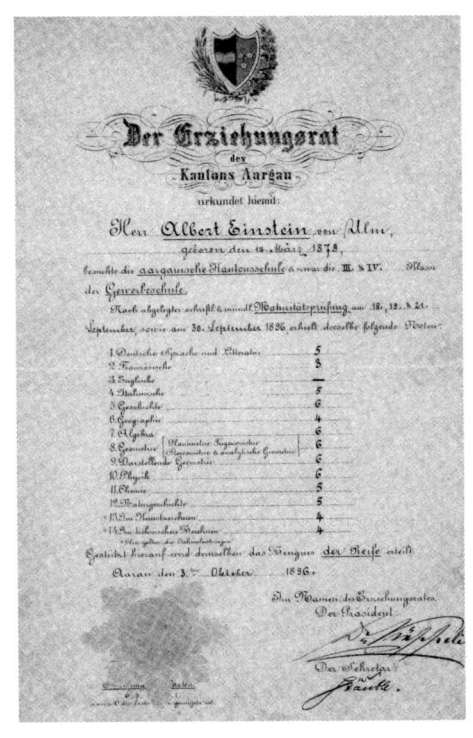

\*
爱因斯坦在阿尔高州立中学的毕业成绩单，1896年

但不服管教的年轻人评价为"不听人言"。诚然，年轻的爱因斯坦有些恃才傲物，在为人处世方面实属缺陷，他也在不久后付出了代价；可恰恰是这种一贯的置疑精神，也在某种程度上成全了他在学术上的一意孤行，窥探那人迹罕至的秘密花园。

桀骜不驯的爱因斯坦在大学里冒犯的老师不止韦伯教授一位，负责实验课和实习课的物理教授让·佩尔纳也是其中之一。爱因斯坦对自己的"大脑实验室"太过自信，对如"实验入门"这样的课程完全不放在心上，做实验时也无视老师给出的程序说明和注意事项，通常扫上一眼就揉成团扔进废纸篓。佩尔纳也曾向实验室助理抱怨过爱因斯坦的浮躁行为，可助

理却认真地答道:"不过,他的实验结果是正确的,而且方法也很有意思。"但并不是每次都这么走运,爱因斯坦的傲慢和小聪明让他付出了惨重代价。1899 年 7 月,在一次实验中,爱因斯坦仍然不顾实验规范,操作不当导致爆炸,把众师生吓个不轻。除了脸部轻微划伤,爱因斯坦的右手伤势很重,休养了近一个月才勉强能拿笔写字,心爱的小提琴都拉不了。病愈后,他就更不愿意进实验室了。

爱因斯坦大学期间对物理学自恃不凡,对数学更是不屑一顾,让他与一位优秀老师失之交臂。理工学院的数学教授赫尔曼·闵可夫斯基是生于俄国的德国数学家,从小就显示了数学方面的天赋,如今三十出头,两撇精心修剪的大胡子格外瞩目,不仅仪表堂堂而且学术造诣极高。闵可夫斯基倒是很欣赏爱因斯坦的数学能力,可爱因斯坦沉迷于理论物

赫尔曼·闵可夫斯基

理,把数学仅作为一项拿来即用的工具而已,甚至觉得自己掌握的数学知识足够应付一切物理难题。所以他一遇到高深的数学课程就觉得华而不实、浪费时间,干脆逃课不上了。当时的爱因斯坦没有意识到,对于物理学,数学已不再是简单的计算工具和描述方式了。19 世纪末,理论物理已经逐渐脱离传统物理学成为一个新的学术方向,如马克斯·普朗克、亨德里克·洛伦兹、路德维希·玻尔兹曼等一众纯理论物理学家,包括主攻数学的闵可夫斯基,都开始把物理和数学更加紧密地结合起来。理论物理学的

研究已不仅是基于自然现象和直觉想象提出假说，尝试用数学方法表述其理论，再由实验事实验证该假说；还可以仅通过数学思维方式，产生新的假说和思路，为物理实验指明方向。数学不再只是物理学家的工具箱，更可能成为通往真理的一条小径。爱因斯坦大学期间对数学的忽视，给他未来的探寻真理之路埋下了层层障碍，而多年后助他一臂之力的恰恰是闵可夫斯基教授。

爱因斯坦肆无忌惮的逃课行为当然也引起了闵可夫斯基教授的不满，在恨铁不成钢的教授调侃下，这位未来的伟大科学家在当时却被称作"懒狗"。别看"懒狗"经常逃课，可是他的数学考试成绩却不是一般的好。除了小聪明，他还有一个绝招——借笔记。

## 友情爱情

每到数学考试前，爱因斯坦都要借同学的笔记突击复习，临阵磨枪反而屡试不爽。同学每每拿着成绩单质问："为什么这次你的成绩又比我高？"爱因斯坦只得赔笑道："怪就怪你的笔记记得太好了，又准确又工整，我看都能拿去当教材直接出版了！"这位委屈的同学就是爱因斯坦的大学同窗——格罗斯曼。

马塞尔·格罗斯曼，年长爱因斯坦一岁，生于匈牙利的富裕犹太家庭。两人同为犹太人，又同样从小就是数学天才，所以刚一入学，就成了无话不谈的好朋友。他俩最喜欢在课余时间漫步至苏黎世市中心的利马特河畔，坐在"大都会"咖啡馆里，聊数学、聊物理、聊生活。不久后，咖啡桌旁又添加了一位新成员——米凯莱·贝索。这位来自意大利的犹太人是理工学院的学长，比爱因斯坦大六岁，当时刚刚毕业做工程师。不论是学术上还是生活中，这两位都将成为爱因斯坦生命中重要的终生挚友。

他们在咖啡馆里高谈阔论，从艺术到生活、从历史到政治无所不包，当然聊得最多的还是科学。既然在学校里学不到前沿理论，他们就自学了众多物理学大师的著作。辐射学、热力学、电磁学、电动力学都是他们的研究方向；赫尔姆霍茨、赫兹、麦克斯韦、玻尔兹曼都是他们的偶像；教堂的钟声可以引起他们对牛顿绝对时间观的长久争论；河上的船只成为他们对伽利略惯性运动的探讨对象；桌上搭起的纸牌房子变成了庞加莱相对空间理论的演示物；碰落桌下的小勺也能演绎为关于马赫实证主义的思辨。"大都会"里的咖啡刺激着年轻人们释放无限的灵感。

三位来自不同地域的犹太人，从长相、气质到性格看起来是那么不同，却又能互为补充、彼此协调。格罗斯曼四方脸、高鼻梁、宽额头，为人低调谦和，一副中北欧人的专注、严谨模样；贝索瘦脸、窄额，头发和胡须浓密卷曲，做事马虎随意，一派地中海人的散漫、灵动气息。而爱因斯坦却是各方面都介于二者之间。他没有格罗斯曼那般严谨刻苦，却富有创造力；他没有贝索那么浪漫跳脱，却更有接近真相的直觉。格罗斯曼不仅帮他通过考试，还会在不久后的生活中伸出援手，更在十多年后协助他攀登伟大理论的高峰；贝索先是通过爱因斯坦介绍，与阿劳温特勒家的女儿安娜相识、相恋、结婚，后来又和他成为同事，还在他构思伟大理论的前夜点醒了他。如果把爱因斯坦看作一位伟大的钢琴演奏家，贝索就是那只突然跑过琴键、触发音乐家灵感的猫，而格罗斯曼则是隐身其背后的那位可靠的调音师。

除了收获难得的友情，爱因斯坦在理工学院也邂逅了爱情，只不过在几乎所有人眼中，那是一位奇怪的姑娘。开学第一天，爱因斯坦就发现在本专业仅有的六名同学里，有一个女孩。这在当时的欧洲是比较罕见的，有机会接受高等教育的女孩子本就不多，选择攻读物理的女生可谓凤毛麟角。爱因斯坦不由得仔细打量着她：黑发盘起，娃娃脸，眼窝深陷，肤色偏黑，身材娇小，走起路来还有点跛脚。

米列娃·马里奇，1875年生于奥匈帝国控制下的塞尔维亚一个富裕农民家庭。她的父亲很有见识，对这个自小聪慧的长女着力培养。米列娃长相普通，患有先天髋脱位和家族遗传的肺结核病，走起路来稍有跛脚，这样一个女孩子从进入小学后就被小伙伴们看作只知道学习的"怪物"。小学毕业后由于成绩优秀，父亲费尽周折把她送到萨格勒布的一所只收男生的古典高级中学，成为当时奥匈帝国第一个进入男校的女生。可想而知，米列娃在那里承受了更多的怪异眼神，性格越发忧

大学时期的爱因斯坦

郁自闭，从不与人交往。可她一旦沉浸在知识的海洋中就像换了个人，眼神灵动、思维活跃、富有激情。她挚爱的学科就是数学和物理，不论是刻苦程度还是理科智商都超过了学校里的男孩子们。1894年，她以全校第一的考试成绩从中学毕业。从此，米列娃有了和当时绝大多数欧洲女孩子完全不同的人生志向——成为一位物理学家。父亲非常支持爱女，把她送到女子教育更开明的瑞士，在一所女子高中取得了毕业证书，获得了接受高等教育的机会。1896年冬季，米列娃没有辜负父亲的期望，成为当年被苏黎世联邦理工学院录取的唯一一位女生。

米列娃的梦想近在咫尺，入学伊始就投入学习当中，完全不在意那些意料之中的异样眼神。可是爱因斯坦并没有如常人一样在背后窃窃私语这个女孩的怪异之处，他反而被米列娃课堂上专注的神情和探讨物理难题时活跃的思路深深吸引。二人慢慢熟络，志向契合，彼此都产生了好感。但

米列娃除了探讨学习问题，不愿和其他同学们过多接触，对爱因斯坦表现出的热情反而有些不适应。在她眼里，爱因斯坦英俊、聪明、幽默、潇洒，自己这只"丑小鸭"是配不上的。思来想去，她决定逃离。大学二年级夏天，米列娃借故北上德意志，到海德堡大学旁听著名的菲利普·莱纳德教授讲课。莱纳德教授关于分子运动论的课程十分精彩，米列娃收获极大，苦于课后无人交流想法，于是开始给爱因斯坦写信。

米列娃·马里奇

两人在通信中热烈探讨了莱纳德教授关于原子、分子运动论等新学术思想。当时的学术界对原子、分子的概念仍有争论，并没有将其作为客观存在的物理事实。莱纳德的学术理念启发了两个热爱物理学的年轻学子，也成为爱因斯坦在"奇迹之年"发表论文的灵感来源之一。可是造化弄人，多年后的莱纳德教授却视爱因斯坦为眼中钉，甚至欲除之而后快。

即便这期间的信件算作他们最早的情书，对二人来言，讨论氧分子的运动速度也远比互诉衷情更加重要。次年春暖花开，米列娃学成回归苏黎世联邦理工学院，两人已经在心灵上靠得更近了。爱因斯坦帮她补习落下的课程，带她去郊外远足，为她演奏小提琴曲，两个年轻人顺理成章相爱了。他们憧憬着美好的未来：既为生活伴侣又是学术伙伴，在浪漫中探索科学真理。"有个小博士做伴多么骄傲！"爱因斯坦幸福地宣告。但他的家人和朋友们可不这么想。

爱因斯坦的父母获悉后强烈反对。母亲波琳一直很喜欢温特勒家的女儿玛丽，极力撮合这对金童玉女，可儿子偏偏喜欢一个如此奇怪的女孩。

在波琳眼里这个女孩有一箩筐毛病，不仅配不上儿子甚至几乎一无是处：个子矮，皮肤黑，塞尔维亚人，东正教徒，跛脚，肺病，性格怪异，不仅大了儿子三岁半，而且据说还有家族精神病史。可爱因斯坦不为所动，母亲的话他也只是听着不表态。父母如何知道他们二人在心灵上、志向上、学习工作上有多么合拍？朋友们也屡屡表示诧异，他们不明白翩翩美少年为何独独钟情痴迷物理学的怪女孩？爱因斯坦依然故我，每每被朋友缠不过时，就抛给他们一个莫名其妙的答案："她有一副迷人的嗓音啊。"

## 毕业失业

学术上的求索，咖啡馆里的灵感碰撞，友情爱情中的满满收获，爱因斯坦的四年大学生活充实而美妙。双双毕业成为老师，一边授课一边研究心爱的物理，结婚育子、享受生活——这就是爱因斯坦和米列娃梦想的未来。然而，现实比物理学还要难以捉摸。

大学课程结束后，爱因斯坦准备毕业论文时，不得不再次面对韦伯教授。韦伯教授念及四年中的龃龉，毫不客气地先后否掉了爱因斯坦和米列娃的若干个选题，坚持要他们按照教授布置的课题完成毕业论文。1900年夏，毕业论文成绩揭晓，爱因斯坦和米列娃不出意料地被韦伯教授打了低分，好在爱因斯坦因此前的数理考试成绩名列第一，以总评4.9分毕业。米列娃就没那么幸运了，以4分的总评分没能顺利毕业，只得复读再考。这对恋人还没走出校门，就体会到了社会的险恶。

二人暂时分别，各自回家探亲。爱因斯坦回到米兰，父母马上针对宝贝儿子未来的婚事展开了劝说攻势。赫尔曼的法宝是"先立业后成家"，波琳的武器则是哭闹。她像个孩子一样哇哇大哭，还刻薄地说："等你30岁了，她都变成老妖婆了！"想到父亲这几年商场失意，心情和身体越来越差，母亲又是很传统的家庭妇女，爱因斯坦只得表面上顺从二人，陪他们聊天、郊游缓解矛盾。

不过，父亲的话不无道理，毕业后的爱因斯坦就开始找工作。大学教授是他理想中的职业，所以爱因斯坦开始回母校寻求一个助教的职位。已经与他势同水火的韦伯教授自然不会雇用他，而是宁可到别的系找了一个学工程的应届毕业生做助手。在佩尔纳教授那里，爱因斯坦仍然碰了个软钉子。苏黎世联邦理工学院里的教授们被爱因斯坦得罪了一个遍，他也知道希望不大，于是开始给瑞士、德国、意大利、荷兰的各大院校写求职信。可是漫长的等待后，结果都是杳无音信，甚至连礼貌的婉拒回信都没有。

爱因斯坦逐渐意识到，求职受阻很可能是韦伯教授的"功劳"，自己在大学四年的傲慢和自负付出了代价。几个月就这么过去了，爱因斯坦越来越烦躁。此时，好朋友格罗斯曼早就到一家中学就职数学教师，而贝索也迎娶了安娜·温特勒，可他自己既没有立业也没法成家。爱因斯坦不好意思总在家待着，暂时放弃大学教授的梦想，只身回到苏黎世另求他法。当大学助教基本无望，没想到中学教师的职位也不好找。自从毕业后，舅舅的资助也就断绝了，爱因斯坦为了生存只能不停地找一些做家教的零工来度日。在这世纪之交的年份，雄心勃勃的年轻人却困于生活的重压。

好在爱因斯坦一直是乐观的，打工之余也没忘学术研究。1900年年底，他撰写了一篇关于分析气体分子间引力的论文，寄给了著名的学术期刊《物理学年鉴》，并于次年发表。这是爱因斯坦学术生涯发表的第一篇正式论文，虽然文中只是探讨了莱纳德教授提过的关于原子、分子客观存在的假说，既没有定论，也没有引起学术界的反响，但经过几年的打磨后，爱因斯坦将震撼物理学术圈。

转过年，米列娃返回苏黎世复读备考，爱因斯坦仍在意大利和瑞士四处找工作。1901年2月，爱因斯坦的申请获批，正式拥有瑞士国籍，了却一桩心愿。在后来的日子里,他还将拥有不同的国籍,但在精神上他更愿意做一个瑞士公民。7月,米列娃在第二次毕业考试中再度失利,备受打击的她心灰意懒、返回家乡,放弃了继续深造,博士的梦想和美好生活的期望都寄托在爱因斯坦身上。9月,爱因斯坦终于在苏黎世北面的沙夫豪森谋得了一个中学教师的职位,似乎看到了希望。可没过多久,因为性格和教学理念格格不入,爱因斯坦和校长大吵一架,丢了工作。

心怀科学梦想的年轻人却在生活中屡受挫折,如今连生存都遭遇了危机。衣食住行需要开销,申请瑞士国籍又花掉了一笔不小的费用,爱因斯坦也不忍向同样捉襟见肘的父母开口。毕业两年却仍然失业,他生来第一次体会到了饿肚子的感觉。但是,爱因斯坦仍然保有乐观、执着的心态,在朋友向他推荐保险公司业务员工作时一口回绝,因为他不甘心把梦想淹没于世俗生活中。最困难的日子里,他也会写信安慰同为天涯沦落人的米列娃:"别担心,大不了我就挨家挨户拉小提琴去挣钱!"

科学思想的主要源泉不是人们必须竭力追求的外在目标，而是思维的快乐。

―――

爱因斯坦

# 第四章 1902 蛰伏伯尔尼

## 1902年夏夜

伯尔尼近郊

万籁俱寂的子夜,三个年轻人悄悄出城,来到东南近郊的古尔腾山。借着皎洁的月光,他们一路欢笑着爬上山巅,丝毫不觉困倦。深邃、静美的夜空下,掠过树梢的清风里,三人席地而坐,时而俯瞰着前方酣睡的古城,时而远眺阿尔卑斯山奇峰的暗影,时而仰头指点着忽明忽暗的星座,时而手舞足蹈地继续着此前的争论。凌晨时分,东方现出鱼肚白,地平线瞬间分明,云层随之被染成粉红色。太阳先是露出红彤彤的半张脸,不一刻,就跃出地平线,变得浑圆而滚烫。刹那间,山川、大地、古城和三个兴奋的年轻人都被镀上了一层霞光。索洛文捻着山羊胡笑道:"怎么样?太阳照常从东方升起,这就是真理,和二加二等于四一样。""不错。但有时,"爱因斯坦迎着朝霞沉吟道,"真理也不一定是绝对正确的。"

## 三人科学院

　　陷入困苦的爱因斯坦没有绝望，命运也没考验他太久，因为老朋友格罗斯曼总会在关键时刻雪中送炭。1901年年底，格罗斯曼从信中获悉爱因斯坦的窘困遭遇，便推荐了一个工作单位——位于伯尔尼的瑞士国家专利局。虽然考虑到这个工作与爱因斯坦的性格和志向格格不入，但至少能帮老同学解决生存问题，而且格罗斯曼的父亲与专利局局长还是至交，入职难度不大。格罗斯曼提到按照正常程序，要等几个月后专利局正式对外公开招聘并通过面试后才能入职，可爱因斯坦等不及了，刚过新年就只身前往伯尔尼。

　　位于苏黎世西南约100公里的伯尔尼历史悠久，1191年一位贵族在阿勒河"几"字形河道围成的高地上肇造此城，此后处于著名的哈布斯堡王朝统治之下。1339年伯尔尼被纳入瑞士联邦，1848年成为首都，主要语言为德语和法语。伯尔尼在德语中意为熊，传说中建城的贵族以打猎中第一次捕获的猎物为此城命名。从此，熊即成为伯尔尼的城徽和吉祥物，城市中随处可见各种形象的熊的雕塑和标志。整个古城建筑都保留着中世纪风格，灰色的石板路、红顶白墙的民居、穿街过巷的有轨电车、杂货街的老钟楼都是伯尔尼的标签。

　　因为入职时间未定，爱因斯坦没心思在老城游览，刚刚安顿好就赶紧在当地报纸上刊登了家教广告：

为大、中、小学生提供全方位数学、物理钟点辅导
阿尔伯特·爱因斯坦
持有联邦理工学院教师资格证
正义街32号2楼 免费试听

广告刊登后没多久，第一位来上课的竟然是比爱因斯坦还大四岁的男子。爱因斯坦尴尬地打量着眼前这位学生：个子瘦高，面色略黑，留着山羊胡子，眼神颇显古怪难测。生于罗马尼亚的犹太人莫里斯·索洛文在伯尔尼大学主修哲学，却对物理学很感兴趣，看到爱因斯坦的广告，便前来听课。二人攀谈后颇为投机，几个小时不知不觉就过去了仍意犹未尽，约定次日续谈。一个主修哲学的学生却更爱物理，一个钻研物理的老师也热衷哲学，他们都有相见恨晚之感，于是3次授课后爱因斯坦即表示，自由交谈比收费授课更令人愉快。

不久以后，第三个人加入了他们的对谈。瑞士人康拉德·哈比希特儒雅英俊，一副青年学者气质，是爱因斯坦在沙夫豪森授课时结识的朋友，也是联邦理工学院的校友，在校期间主修数学。3个年龄相仿、志趣相投的年轻人越聊越投机，每周都要聚会三四次，咖啡馆、餐馆、各自的住处都是他们的论坛，音乐会、歌剧院有他们的身影，老钟楼下、阿勒河边留下他们的足迹。虽然3人都不富裕，但思想的碰撞比物质的享受更让人愉悦，灵感的迸发比世俗的沉沦更让人兴奋。一杯黑咖啡能够提振精神，几根廉价香肠可以补充能量，一块瑞士干酪满足口腹之欲，一壶热茶舒缓午后时光，年轻思想者们的每一刻都充满激情。

等到爱因斯坦过生日那天，索洛文和哈比希特决定奢侈一次，买来名贵的鱼子酱作为生日礼物。爱因斯坦一到就兴奋地对着二人聊起了正在思考的惯性系理论。他滔滔不绝地说着，不容二人插嘴，说累了就抄起桌上的盘子，一勺一勺地把食物瞬间吃光。他的灵感不断迸发，继续聊着伟大的伽利略，完全没注意鱼子酱在齿间爆裂的美妙。另外二人面面相觑，索洛文拍拍爱因斯坦的肩膀，指着空空如也的盘子问道："喂，阿尔伯特，知道你刚才吃的是什么吗？"爱因斯坦咂着嘴一脸疑惑。"天哪，那可是鱼子酱啊！"哈比希特拍着桌子佯作气愤道，"我们都没舍得吃呢！"爱因斯坦恍然大悟、后悔不迭，一个劲儿地抱怨自己暴殄天物。三人同时仰天大笑。

爱因斯坦沉浸在意气飞扬的日子里，忘记了毕业后屡受挫折的遭遇，找回了在理工学院时和格罗斯曼、贝索一起度过的美好时光。3人都有些年少气盛、轻狂不羁，也都有些怀才不遇，因不被大学或研究机构赏识而愤愤不平。为了表示对权威的鄙夷和调侃，他们索性自己成立了科研组织，戏称为"奥林匹亚科学院"，并推举爱因斯坦为"院长"。索洛文做了一张科学院证书颁发给"院长"，证书上画着爱因斯坦的侧面素描像，头顶上却是一串他们喜欢的香肠；哈比希特则送了"院长"一个锡盘，上面镌刻着"爱因斯坦骑士"的大名。

只有三名"院士"的"科学院"里不仅有开朗幽默的谈笑，更有令人痴迷的哲思。三人聚会时无所不谈，不仅有他们各自主修的物理、数学，也有文学、艺术，但最能引发思想碰撞的还是哲学。如果想在探寻宇宙真理的路上疾驰，物理学是一部动力十足的引擎，数学是保证引擎顺畅工作的润滑油，而哲学则是思想家手中的方向盘。斯宾诺莎、康德、休谟、马赫、庞加莱，这些自爱因斯坦少年时初遇的，每个年龄段都会加深一层认识的伟大思想家，仍是3人热衷谈论的焦点人物。

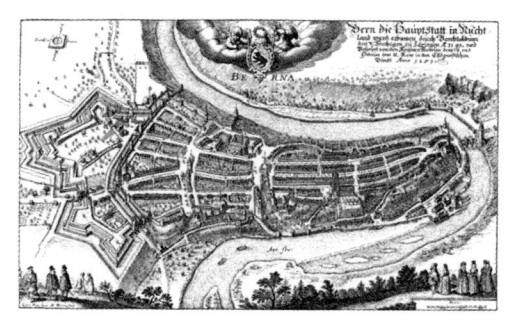
\*
1353年的伯尔尼地图

\*
"奥林匹亚科学院"成员：哈比希特、索洛文和爱因斯坦

荷兰犹太裔哲学家巴鲁赫·斯宾诺莎是西方哲学中著名的理性主义者，他不相信有一个人格化的上帝去掌控宇宙间的规律和人世间的生活，而是信仰那种统一和谐的自然规律；德国哲学家伊曼努尔·康德以他的"批判三部曲"闻名于世，他将世间真理分为先验真理和经验真理；苏格兰哲学家大卫·休谟是批判主义的代表，倡导对习以为常的因果律时刻保持怀疑；奥地利－捷克哲学家、物理学家恩斯特·马赫推进了休谟的理论，创立经验批判主义，主张不能通过观察来定义的概念是没有意义的；法国科学哲学家亨利·庞加莱作为直觉主义者，更是在理论物理学领域中对绝对时间、绝对空间、绝对运动等经典概念提出质疑。这几人的理论深深地影响着在黑暗中苦苦求索的年轻人，思想的火花一旦迸发，三位"院士"往往会辩论到深夜，忘记了时间。

"二加二等于四是真理，"索洛文呷了一口黑咖啡说道，"太阳比地球大也是真理。"

"三角形内角和为180°是真理，同样地，太阳每天都会从东方升起也是。"哈比希特抽着烟斗，也丝毫没有困意。

"康德说前者是先验的，后者是经验得来的，都是确定的。不过……"爱因斯坦停住了话头，拿起小提琴踱到窗前拉起来。屋内顿时安静下来，只有娓娓的音乐声在静夜里缓缓流动。

"也许，应该像休谟和马赫那样，怀疑一切？"哈比希特打破了沉默。

"那么你怀疑明早太阳就不会升起了？或者从西边升起？"索洛文看了看空空的咖啡杯辩驳道。

"这个我倒不怀疑，但是即使太阳明天照常升起也并不代表……"哈比希特一时语塞，似乎想捋清思路。

"并不代表这些真理就是绝对、永远正确的。"琴声戛然而止，爱因斯坦望着静谧的夜空幽幽答道，"也许有一天太阳会从西边升起，也许三角形内角和不是180°，也许……"

"好，那么我们就亲身验证一下！"索洛文表示不服气。

三个人一时兴起、说走就走，一起披着月色爬上了伯尔尼近郊的山峰，等待日出。不出所料，太阳依旧从东方冉冉升起。不过此时，关于实证主义和怀疑主义的思想已经潜移默化地植入了爱因斯坦的脑海里，只待时机成熟之时，指引他拨开层层迷雾、摒弃顽固旧理论、奔向新的真理。沐浴着朝霞，

*
供职专利局的爱因斯坦

三人啜饮着山上咖啡馆开门的第一壶醇香咖啡，随后神采飞扬地漫步返程，从天马行空的思想世界回归烟火气十足的古城生活。

## 三级技术员

1902年5月底，等待许久的专利局面试通知终于来临。由于格罗斯曼父亲的特别关照，爱因斯坦顺利通过面试。6月的一天，身穿新定制的格子呢西装的爱因斯坦走进杂货街上的新邮电大楼，他的新身份是"瑞士联邦专利局三级技术员"。局长弗里德里希·哈勒和蔼可亲地带领爱因斯坦熟悉了办公室环境，简单讲解了作息和待遇：每周工作6天，每天8小时，年薪3500法郎。这种薪酬足以保证他在伯尔尼过上体面的温饱生活。

通过入职培训，爱因斯坦很快就明晰了工作内容：对申报专利内容进行初步审查和提炼上报。20世纪初的欧洲科学技术发展迅速，在应用方面的各种发明也如雨后春笋。面对海量的专利申请，爱因斯坦的职责是在类似雅各布叔叔研制的新型电气设备和诸如永动机之类异想天开的发明中，

分辨出哪些申请是可行和有价值的。毫无疑问，这种工作是繁重和枯燥的，正如他的同事们有时抱怨的那样。但是爱因斯坦不以为然，虽然志趣并不在此，但他却很享受那种沙里淘金的感觉。

起初，每天8个小时的工作排得满满的，没过多久他就游刃有余了。一来是因少年时期在家族工厂里接触机械设备的直观感知，二来是靠他此时雄厚的数理功底，再加上他独有的怀疑主义和敏感直觉，每天的额定工作他只需两三个小时即可完成，而且质量颇高，赢得了哈勒局长的赞赏。空下来的时间里，爱因斯坦通常会把胳膊肘支在大大的办公桌上，一只手托腮、另一只手握着铅笔，时而因想到什么就在草稿纸上写写画画。同事们总以为他在发呆，殊不知他是在利用宝贵的时间进行钟爱的"思想实验"。每当桌边有人经过时，他就偷偷地把草稿纸塞回抽屉里。哈勒先生自然把这一切都看在眼里，却并不介意。

局长哈勒并不是因为格罗斯曼父亲的关系而睁一只眼闭一只眼，而是在这个年轻人身上看到了与众不同的气质：勿要轻信，勿随人言。这是一名专利局审查员应该具有的基本素质，也是年轻学者该有的样子。爱因斯坦也同样欣赏局长的一句话："当你拿起一份申请时，首先就要假设发明人说的一切都是错误的。"

哈勒先生当然不能预料到手下这个小小的三级技术员会在几年后一鸣惊人，连爱因斯坦自己此时也不曾有震惊学术圈乃至全世界的奢望，他只是凭着直觉在享受对工作的专注和对真理的求索。伟大的科学家没有在象牙塔里心无旁骛地醉心学问，而是委身于专利局做个小技术员，世人或许觉得他命运多舛。但是用后见之明来看，也许专利局恰恰是爱因斯坦的"世外桃源"。如果爱因斯坦毕业后一帆风顺地进入大学做了助教、获得博士学位、成为教授，以他一贯藐视、对抗权威的不羁性格，随时都会和学术圈发生龃龉和冲突，或遭主流摒弃，或迫于生活压力而屈从，都将把他拉离通往真理的道路。专利局的环境使他远离学术圈和权威们,如同被阿勒河圈起来的老城一样,与世隔绝地默默耕耘,等待涅槃的那一刻。

每天忙碌的工作和充实的思考结束后,爱因斯坦都会走出邮电大楼步行回住处。专利局所在的杂货街是一条东西贯通老城中心的石板路,西端与老城门交会处坐落着伯尔尼著名的地标性建筑——老钟楼。上下班的路上,爱因斯坦都喜欢在钟楼下停留片刻。

\*
伯尔尼老钟楼前

从远古时代的日晷、刻漏到中世纪演示天象的天文钟,再到17世纪荷兰的惠更斯先后发明的重锤摆钟和游丝摆轮钟,人类用于计量时间的装置越来越精巧、准确。瑞士被称为世界钟表之国,伯尔尼被誉为钟表之都,而这座标志性的老钟楼则像一个小型钟表博物馆。钟楼底层是一个门洞,行人不时穿过;二层是1218年入驻的天文钟,可以显示年、月、季节、星座、月相等信息,天文钟旁边是一个小舞台;三层是由历代工匠不断升级改造的机械钟;顶层是镀金玩偶"骑士汉斯"和铜钟。每到整点前4分钟,路过的行人都会仰头观看玩偶的表演:天文钟旁边的表演台中,最下层的一圈"小熊军乐队"开始走马灯一般旋转演奏;一侧的"金公鸡"振翅打鸣,另一侧的小熊挥舞权杖;主舞台中,端坐金椅上的古希腊时间之神柯罗诺斯翻转右手的沙漏;柯罗诺斯上面的小丑手舞足蹈地敲响头顶的两只小钟;最后,钟楼顶层的"汉斯"敲响整点的钟声。

爱因斯坦并不像普通游客一般陶醉在华丽的表演中,而是在喧闹人群中出神地望着钟楼开始遐思。通常在这一刻,周遭的一切都被置于他的

"思想实验室"里。世界似乎突然被按下了静音键，行人默默地从身边走过，红色的有轨电车也悄无声息地从钟楼前驶过，只有那如同城市心跳的钟声清晰地叮当作响。随后，钟声也消失了，万籁俱寂，这场景犹如悠远的宇宙一样静谧、空旷。时间从身边流过了吗？时间有声音吗？那脑海里均匀流逝的嘀嗒声是真实的吗？时间到底是什么？他闭上双眼，仔细分辨着，尽力思考着……

爱因斯坦在钟楼下试图追上时间的脚步一窥究竟，可与此同时，他的父亲却被时间步步紧逼。1902年10月，父亲病危的消息传到伯尔尼，爱因斯坦即刻奔赴米兰。常年的奔波和生意的挫折击垮了一向乐观的赫尔曼，看着病床前赶来的儿子，他也无力叮嘱些什么，只是喃喃地同意了爱因斯坦和米列娃的婚事并祝福他们。心事已了，父亲摆摆手示意家人都出去，独自安静地离开人世。胸怀家族梦想的赫尔曼既没有成就自己的事业，也没来得及见证儿子的辉煌，年仅55岁即带着遗憾离世。爱因斯坦这几年和父亲聚少离多，此刻刚刚相见就生死两隔，不禁心生愧疚，立在房门外任泪水夺眶而出，背后是失声痛哭的波琳和玛娅。

返回伯尔尼的爱因斯坦被前所未有的孤独和痛苦包围着，好在两个挚友陪伴在他身旁，帮他渡过难关。获悉后的米列娃也赶来抚慰悲伤的恋人。

## 三口小家庭

好友和恋人的温暖帮助爱因斯坦走出了苦痛。伯尔尼老钟楼响起了新年的钟声，生活还要继续。遵照父亲的遗嘱，也为了此前的承诺，爱因斯坦向米列娃求婚了。1903年1月6日，二人在伯尔尼户籍登记处注册结婚。他们的婚礼并没有选择在教堂举办仪式，也没有双方亲人到场祝福，只有好友索洛文和哈比希特做了证婚人。米列娃的父母因距离遥远不能赶来，而波琳和玛娅仍未解开反对这桩婚事的心结。四个年轻人仅仅在一家小餐馆里举行了朴素却欢乐的庆祝活动，他们畅饮美酒、畅想未来，生活与梦想、科学与哲学、爱情与友情都融进酒杯里，化为欢声笑语。直到午夜钟声响起，这对新人才带着幸福的醉意、踏着石板路回到寓所。兴奋过头的爱因斯坦居然忘记带房间钥匙，不得不吵醒早已睡下的房东太太。二人互相调侃着上楼而去，女房东仍在絮絮叨叨地抱怨着，不过多年以后，这个小插曲却成为她引以为傲的谈资。

米列娃和爱因斯坦

新婚生活自然是甜蜜的，爱因斯坦仍旧在专利局忙着本职工作和思想实验，米列娃则专心做好贤内助。"奥林匹亚科学院"的会议照常定期召开，只不过多了一位观众。在三位"院士"神采飞扬地讨论着物理学、哲学话题时，一旁的米列娃经常会停下手里的活儿，入神地侧耳倾听。她也想参与讨论，那幼年憧憬过的成为物理学家的美好理想仍然魂牵梦萦。

这年夏天，米列娃怀孕了，爱因斯坦决定换个大一点儿的住所。1903年11月，小夫妻搬到杂货街49号二楼的公寓，一来是靠近专利局方便回家照顾爱妻，二来是此处距离老钟楼仅约200米。爱因斯坦太迷恋老钟楼了，那悠扬的钟声每到整点就准时飘进屋内，推开窗就能看到转动缓慢却一刻不停的指针。

新年钟声再次敲响，这个小家庭也在盼望着新生命的到来。1904年5月14日，长子汉斯诞生。没有经验的小夫妻顿时忙乱起来，三口之家的日子紧张而幸福。立业、成家、生子，似乎三级技术员的平凡生活已经足够完美了，可他仍然一刻不曾停下研究科学的脚步。朋友们有时看到爱因斯坦推着婴儿车在老钟楼下发呆，有时遇到他在家里左手抱着小汉斯，右手举着一本书吃力地翻页。

由于爱因斯坦在闲暇时间忙于照顾妻儿，哈比希特因获得博士学位离开伯尔尼继续深造，索洛文毕业忙于找工作，"奥林匹亚科学院"的例会被迫停止。孤零零的"院长"略显失落，爱因斯坦苦于每天都有新的想法却无人交流，于是想到了联邦理工学院的老朋友们。格罗斯曼在开心地做着中学数学教师，贝索却对自己的工程师职业不甚满意，于是爱因斯坦就邀请贝索来专利局共事。局长哈勒由于欣赏爱因斯坦的能力和格罗斯曼父亲的关照，爽快地同意了他们的提议。贝索欣然应邀，携妻子安娜搬来伯尔尼，成为爱因斯坦的同事。两个好朋友几年不见，容貌更加成熟，生活阅历也各有增长，不变的是对真理不懈探求的那种激情。专利局里，二人不时停下工作谈起某个突然想到的思路；上下班路上，他们常常会站在老钟楼下争论关于时间的概念；杂货街的公寓里，贝索逗弄着小汉斯和爱因斯坦夫妇聊起当年联邦理工学院里的趣事。米列娃看着两位老同学意气风发地谈天说地，不禁想起自己的大学时光和科学梦想，有些欣慰，有些羡慕，也有些失落。这一年，她在报纸上看到居里夫人与其丈夫因对放射性的研究共同获得了诺贝尔物理学奖，成为这个世界科学权威奖项历史上第一位获奖的女性科学家。米列娃觉得自己与儿时的梦想渐行渐远。

爱因斯坦在专利局的工作快乐且顺利，这年9月他被转为正式员工，年薪也涨到了3900法郎。虽然工作和家庭都逐渐稳定下来，在专利局有局长的青睐和老朋友做伴，爱因斯坦仍然不甘心在此终老，他一刻不曾忘记大学毕业时的梦想。由于母校联邦理工学院没有博士生认证资格，他曾尝试给苏黎世大学寄过博士论文，但被阿尔弗雷德·克莱纳教授拒绝。于是，他继续给《物理学年鉴》投稿，意图赢得学术圈的认可。起初的几篇投稿成功发表，出版社随即聘请他为自由撰稿人，爱因斯坦信心大增。

时光荏苒，伯尔尼老钟楼的新年钟声又一次敲响，1905 年如约而至。这一年，爱因斯坦在《物理学年鉴》上共发表了 21 篇论文，其中 5 篇都将成为开创物理学新篇章的惊世之作；这一年，在春风和煦的一天傍晚，贝索将在无意中点亮爱因斯坦的灵感之光，助他创立划时代的伟大理论；这一年，将因爱因斯坦理论的横空出世而成为闪耀人类智慧光芒的伟大年份。在科学史上能与这一年相提并论的，恐怕就只有因牛顿在数学、光学、力学、天文学上做出石破天惊的贡献而名垂千古的 1665 年。

公元 1905 年，世人称之为"爱因斯坦奇迹年"。

对物理学家来说,
只有当有可能找到具体例证来检验其是否适用时,
一个概念才是存在的。
——
爱因斯坦

# 第五章　1905　狭义相对论

## 1905 年 5 月某日

伯尔尼老城

春风和煦的伯尔尼午后舒爽宜人,两位年轻人在杂货街的石板路上信步而行、悠闲攀谈。不知不觉间,又走到老钟楼下面,二人索性停下来,继续着关于时间的争论。瘦小的贝索双手舞动着滔滔不绝,叼着烟斗的爱因斯坦时而点头、时而摇头。转眼太阳已经偏西,老钟楼上的玩偶们开始表演,接着响起悠扬的整点钟声。"哎呀,都 7 点了!我得回去了!"贝索忙不迭地和老友告辞,"这个时间,安娜和米列娃的晚餐恐怕同时摆上桌了。"贝索一溜烟儿跑了,爱因斯坦听罢赫然怔住了。他仰头盯着老钟楼的大表盘,启动了"思想实验室":四周寂静下来,行人、街道都消失了,只有老钟楼的表盘悬浮着,不远处贝索家和自家的钟表悬浮起来,远方阿劳和苏黎世的钟表也悬浮在半空——所有表盘指针都"同时"指向 7 点整!突然,一辆有轨电车从老钟楼前驶过。他"坐上了"那辆电车,电车开始加速,再加速……爱因斯坦猛地拍了一下脑门:"天哪,不是这样!"

## 奇迹之年

1665年7月，剑桥大学生艾萨克·牛顿因躲避瘟疫回到了故乡伍尔斯索普庄园。接下来的18个月中，他先后发明了正、反流数术（即微积分）运算法，研究了颜色理论，开始构思力学和万有引力理论，在数学、光学、力学、天文学领域都做出了划时代的贡献，进而站在哥白尼、伽利略、开普勒、笛卡尔等巨人的肩膀上，以一己之力构造了伟大的"经典物理学"大厦。1665～1666年被后世称为"牛顿奇迹年"。

牛顿一举推翻了古希腊亚里士多德、托勒密的经院哲学理论，发现了统括上至太空中的星体、下至地球上的苹果的万有引力定律，构建了无比和谐的机械宇宙观，世间万物都遵循着严格的因果律和确定性，一切都是那么井然有序。炮弹能飞多远，头顶上的星星一个月后将出现在什么位置，都是可以计算的。1846年，法国天文学教师奥本·勒维耶根据天王星运行轨道的异常偏差，遵循牛顿的理论、用数学推导预言了一颗新行星的位置，随后通过观测证实。第八大行星——海王星的发现是牛顿经典力学的胜利。

牛顿的经典力学引发了物理学历史上第一次革命，电磁学在其基础上获得发展。在自然界的力中，人类对电与磁的认知发展极其缓慢，晚到17世纪初才由英国医生威廉·吉尔伯特进行了初步浅显的研究；1752年，美国人本杰明·富兰克林通过危险的风筝实验，证实了天上的闪电和地上的静电是一样的；19世纪初，奥斯特、安培、欧姆等科学家逐渐把对电的定性研究推向定量研究；1831年，英国科学家迈克尔·法拉第发现了电磁感应现象，终于把电与磁这两个看似不相关的概念关联到一起，并提出了"场"的概念；恰恰出生于1831年的苏格兰物理学家詹姆斯·麦克斯韦接过了法拉第的衣钵，通过物理学和数学的完美结合，创造了美妙的电磁场方程组，进而预言了电磁波的存在；1888年，德国物理学家海因里希·赫兹用实验证实了麦克斯韦的理论以及光和电磁波具有同样的特性和传播速度。至此，电学、磁学和光学被联系到了一起。

光学研究纠结在"粒子说"和"波动说"之间超过200年，热力学研究却异军突起。19世纪中叶，德国物理学家J.R.迈尔、英国物理学家詹姆斯·焦耳和德国物理学家赫尔曼·赫尔姆霍茨先后发现了热力学第一定律（能量守恒定律）；几乎同时，英国物理学家开尔文勋爵（本名威廉·汤姆森）和德国物理学家鲁道夫·克劳修斯分别提出了热力学第二定律（能量耗散定律）。

及至世纪之交，一代代科学家通过200多年的奋力求索，在力学、电磁学、光学、热力学的理论和应用领域大展其能，物理学大厦看似辉煌壮丽。科学家们志得意满，似乎他们未来的工作就只剩下把理论数据再搞得精确一点而已。但是，事实并非如此，甚或相反。1900年7月24日，德高望重的开尔文勋爵在英国科学促进会上做了题为《笼罩在热与光的动力理论上空的19世纪之乌云》的演讲，表明"动力学理论断言，热和光都是运动的方式。但现在这一理论的优美性和明晰性却被两朵乌云遮蔽，黯然失色……"他提到的两朵乌云，就是"黑体辐射"和"以太漂移"。

面对这两朵乌云，科学家们态度迥异，有人试图驱散之，有人干脆视而不见，有人宁愿抱残守缺。26岁的爱因斯坦不仅看到了乌云，更看清了乌云掩盖下经典物理学大厦的致命裂缝，他并不想如其他科学家那样去修修补补，而是要拨云见日、翻天覆地。1905年3月至9月，爱因斯坦共发表了5篇重量级论文，不仅驱散了两朵乌云，还引发了两条照亮新物理学天空的闪电：量子理论和狭义相对论。

这一年5月底，完成前3篇论文的爱因斯坦寄给好友哈比希特一封信，如今成为科学史家必定引用的内容：

*亲爱的哈比希特：*

……你这头冷冻的鲸鱼,你那被烟熏、风干、装进罐头的灵魂碎片,你在忙些什么?你为什么还不把你的博士论文寄给我?……我答应给你四篇论文作为回报。第一篇关于辐射和光的能量特征,是非常革命性的……第二篇是确定原子的真实尺寸……第三篇证明了悬浮在液体中的数量级为 1/1000 毫米的物体,必定要做一种由热运动引起的可观测的无规则运动……第四篇还只是粗略的草稿,内容为动体的电动力学,它修正了时空理论。

不难看出,这位三级技术员的野心很大,在这一年里,他试图把困扰在心头的所有难题一股脑解决。我们就把五篇论文一一摆在面前,体会一下爱因斯坦面临的困难。这里面很重要的问题就是"第一朵乌云"——"黑体辐射"。

## 量子先驱

1905 年 3 月 17 日 论文:《关于光的产生和转化的一个试探性观点》

光的本质是什么?这个问题困扰了哲学家、科学家上千年。17 世纪,牛顿基于光的反射和折射现象奠定了光的"粒子说",压制了胡克、惠更斯等人的"波动说";1801 年,英国医生、物理学家托马斯·杨操作了著名的杨氏双缝干涉实验,发现了光的干涉特性,证实了光的波动性;1865 年,麦克斯韦预言了电磁波的存在,并断定光就是一种电磁波;1888 年,赫兹通过实验证实了麦克斯韦的预言。至此,光是一种横向传播、波长很短的电磁波,几成真理。

科学家们在光的性质上暂时达成共识,紧接着又产生了新的疑问:光这种万物力量之源又是如何产生能量的呢?人类自古就发现了这样一个辐射现象:金属被加热时,低温状态呈现红光,随着温度升高,依次呈现橙色、白色、蓝色的光。19世纪，出于冶金和照明设备的研发需求，科学家们急需找到辐射频率与强度的关系。1862年，德国物理学家古斯塔夫·基尔霍夫为了研究颜色和温度之间的规律，假想了一个模型：开了小孔的空心球。光从小孔进去腔体后，会在内壁来回反射，直到能量被吸收殆尽，所以任何时候球体内部应该是黑色的，故称之为"黑体"。"黑体"可以吸收全部电磁辐射（即对任何波长的电磁辐射吸收率为"1"），而且没有任何反射与透射（即透射系数为"0"），所以可将其作为研究任何材料热辐射的标准，也可以称其为"绝对黑体"。

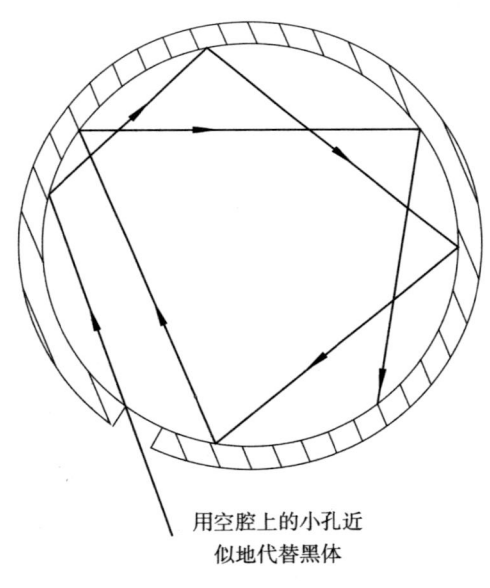

用空腔上的小孔近似地代替黑体

\*
**绝对黑体示意图**

谁知在科学家们针对这个理想模型深入研究后，却出了大问题。起初，英国物理学家威廉·维恩在1893年顺利地找到了温度和颜色之间的规律性（维恩位移定律）：温度越高，辐射波长越短（趋向蓝光区域，即蓝移）；温度越低，辐射波长越长（趋向红光区域，即红移）。1896 年，他又根据热力学理论和实验提出了维恩公式，描述了黑体辐射的具体关系式。但在随后的实验验证中显示，维恩的公式在短波波段与实验符合得很好，但在长波波段与实验结果有明显的偏差。1900 年，英国物理学家瑞利勋爵（本名约翰·斯特拉特）根据麦克斯韦电磁波理论提出了自己的公式（瑞利 – 金斯定律）。这个公式完美解释了长波波段的辐射规律，可是根据该公式计算，波长趋向于极短时，黑体释放的能量趋于无穷大。同一种现象却引出两种完全不同的公式，两个公式都只能解释其一半规律，而且根据瑞利的公式推算在短波（如紫外线）范围内蕴含着无穷大的能量。奥地利物理学家保罗·埃伦费斯特后来给这种诡异的现象起了个耸人听闻的名字——紫外灾难。

为了解决黑体辐射难题，科学家们绞尽脑汁，物理学泰斗级人物马克斯·普朗克几乎与瑞利同时提出了自己的解决方案。万万没想到，这却引发了更诡异、更骇人的结果。普朗克提出的黑体辐射定律与实验完美吻合，但却与此前两种公式不同，既不是源自热力学也不是电磁学，而且与所有经典物理学理论相悖。最让人震惊的是，看似完美的普朗克定律有一个先决条件：必须把能量视为"量份"。他称之为"能量子"，后改为"量子"。普朗克对该能量的表述公式为：$E = h\nu$，$E$ 代表能量，$\nu$ 代表光的频率，$h$ 为一个常数 $6.626196 \times 10^{-34}$ 焦耳·秒（后称为普朗克常数，后世不断修正）。

这个微乎其微的常数却引发了多年后物理学乃至整个科学界的地震。"自然无跳跃"，是长久以来物理学家们信奉的真理，不仅符合既有的理论体系，也和生活经验相符合。电磁波、声波、水波，光能、热能、电能，世间万物不都是连续不断的吗？谁能想象能量是分成一份一份的？如同汽车里程表上显示的时速，不是均匀渐变而是一个刻度一个刻度地跳跃，这如何可能？如果因为啤酒按瓶装售卖就说明啤酒的最基本单位是瓶，这显然是无稽之谈。物理学家们没有人相信这个说法，包括普朗克自己。普朗克是经典物理学的忠实信徒，他也坦承该公式只是基于数学推导的一种假设，并没有物理实在意义。

那么光会不会是一份一份传播的呢？物理学家们自信地摇摇头：赫兹已经用实验证明了光就是电磁波，毋庸置疑。1897 年，英国物理学家 J. J. 汤姆逊重做了赫兹的实验，根据放电管中的阴极射线在电磁场和磁场作用下的轨迹确定阴极射线中的粒子带负电，并测出其荷质比，于是将这种粒子命名为"电子"。科学家们由此认为，这一现象的实质是由于光照射到金属表面使金属内部的自由电子获得更大的动能，从金属表面逃逸出来。1902 年，曾经作为赫兹助手的菲利普·莱纳德对该现象进行了系统的研究，并首先将之称为"光电效应"。

莱纳德以及其他科学家更换不同材质的金属和不同光源做了一系列的实验研究，但结果令人惊讶：调整光的强度（即亮度）影响逸出电子的数量而不是能量；调整光的频率（即颜色）影响逸出电子的能量而不是数量；低频光（如红色、橙色）无论强度多大，也无法触发电子逃逸；高频光（如紫外线）无论强度多低，也能使金属表面的电子逃逸；不同材质的金属产生电子逃逸所需的光频下限不同；不同频率的光触发电子逃逸的能量上限不同；电子逃逸现象要么瞬间被触发，要么永远不被触发。实验结果不仅和预测大相径庭，也和经典物理学理念格格不入，科学家们似乎遇到了比紫外灾难还要诡异的难题。无论他们提出什么样的假说和公式，都难以自圆其说。

学界泰斗普朗克发现了物理学大厦上的一道裂缝，准备涂涂抹抹去掩盖它；成名教授莱纳德在不远处点亮了一盏灯，却没照见路径；伯尔尼的三级技术员借着灯光走到近前仔细摸了摸，发现那是一道门。

爱因斯坦在专利局时也密切关注当时学术圈的动态，当黑体辐射和光电效应两个难题同时置于面前时,他再次启动了"思想实验室"。两组实验设备在他脑海里就位:一份一份的能量子……被光打出的一个一个电子……那么,如果打出电子的光也是一份一份的呢?此刻,爱因斯坦自幼信仰的自然规律的统一性以及他的物理直觉引爆了灵感,把两个难题一并解决!

爱因斯坦的灵光一现诞生了光量子(后称光子)假说,把光的本质量子化,而不是普朗克那种数学意义上的能量子,是一种物理实在。光量子理论不仅给普朗克黑体辐射定律赋予实际意义,也完美解释了莱纳德的光电效应现象:一个光子每次只能将能量传递给一个电子使其逸出,光子的能量以及能否使电子逸出取决于光的频率(即颜色)而不是强度(即亮度),而同种频率光的强度决定了光子的数量以及逸出的电子数量。一石二鸟,完美无缺!

诚如爱因斯坦给朋友的信中所说,这个假说是"革命性"的,所以在论文题目中加上了"试探性"的字眼。即便如此,学术界也无法接受这个所谓假说,原因之一是绝大多数科学家无法接受违背经典物理学理论的"不连续"的量子概念,其二就是这个理论让光的"粒子说"死灰复燃。爱因斯坦大胆地对光的本质做出如下论断:基于时间的平均值,光表现为波动性;基于时间的瞬时值,光表现为粒子性。无论是一个三级技术员的资历,还是这种光的"一元二体论"的离经叛道,都不能让爱因斯坦被学术圈真正重视。该理论发表后,没有一个科学家表示支持,包括给予爱因斯坦启发的普朗克和莱纳德。直到1916年,致力于光电效应研究的美国实验物理学家罗伯特·密立根在实验中证实了爱因斯坦的假说,并精确测定了普朗克常数。随后,20世纪20年代的科学家们先后证实了X射线的粒子性和电子束的波动性。最终,几百年纠缠不清的"粒子说"和"波动说"握手言和,以"波粒二象性"圆满收场。爱因斯坦也因其光量子假说获得了他唯一一个诺贝尔奖。

关于光的本质的探索告一段落，但是爱因斯坦的光量子假说引发的另一个影响更具革命性。他发现了普朗克不曾留意的一扇门，推门而入，却发现里面的世界超乎想象，而且有悖于自己那和谐性、确定性的科学信仰，于是转身走了出来。但是更多的科学才俊却冲了进去，继而在20年后开创了颠覆经典物理学的新门派——量子力学。本可以作为量子先驱而开宗立派的爱因斯坦陪着普朗克站在门外，频频摇头，并用后半生时间与之论战。

## 一杯糖水

1905年4月30日 论文：《分子大小的新测定法》

鉴于第一篇论文太过激进，爱因斯坦随后写了一篇中规中矩的论文，以取得梦寐以求的博士学位。还是在联邦理工学院时期，他就在米列娃的来信中接触到了莱纳德教授的分子运动理论，也曾在五年前刚毕业时就这一课题写过论文。现在，他要对此前的研究给出一个定量的分析结论。早在1811年，意大利化学家阿莫迪欧·阿伏伽德罗在研究气体分子性质时就提出了这样的假说：同温同压同体积的气体所含的分子数相同。这个假说后来被称为阿伏伽德罗定律，但该定律没有令人信服的定量分析让科学界真正接受他的分子论。

此路不通，那就另辟蹊径，爱因斯坦把目光从气体转移到液体。物体在液体中受到的阻力大于在气体中受到的阻力，而液体越黏稠阻力越大。爱因斯坦按照这个思路，从流体力学角度，利用常见的糖水中不同的含糖量产生不同的阻力这种现象，推导出两个方程，试图求出两个未知数：糖分子的大小和数量。起初，爱因斯坦求得了表示一个基本单元内所含任何物质的分子数量的常数。这个常数在后来通过爱因斯坦和法国科学家让·佩兰等人的逐步实验和计算，最终得到了精确值，并定名为阿伏伽德罗常量。

一年前曾经表示拒绝的苏黎世大学克莱纳教授最终还是认可了这篇论文。一杯糖水，一篇论文，成就了爱因斯坦的博士学位，如此简单。该篇论文在爱因斯坦奇迹年中的5篇论文中分量最轻，但却是被后世引用最多的一篇，并在工商业众多不同领域的实际应用中提供了理论基础。可爱因斯坦不满足于此，对于尚未有定论的分子论，他还要继续探求更本质的真理。递交博士论文后仅11天，爱因斯坦就寄给《物理学年鉴》另一篇更有分量的关于分子理论的论文。

## 花粉在跳舞

1905年5月11日 论文:《热的分子论所要求的静止液体中悬浮粒子的运动》

21世纪的今天，我们已经知道这样的物理学事实：不同种类的基本粒子结合成质子和中子，质子和中子组成原子核，原子核和核外电子构成原子，原子按照不同的方式组合成分子，分子构成了物质。人类在微观层面探寻基本粒子的步伐仍未停止。可是在20世纪初，分子-原子论因为没有实验证明其存在，还没有被科学界认可。

物质是由什么构成的？这个疑问从人类诞生时就出现了。古希腊的留基伯和德谟克利特已经提出了原子论，但他们的理论和其他哲人提出的"万物源于水"（泰勒斯）、"万物皆数"（毕达哥拉斯学派）、"四元素说"（恩培多克勒）一样，都只是哲学层面的朴素思辨，并没有任何科学实在意义。直到17世纪，随着牛顿力学体系的建立，理性科学和实验科学得以蓬勃发展。伽桑狄、托里拆利、波义耳等科学家们尝试把原子论引入近代科学思想，建立微粒模型用于解释物理、化学领域的现象和规律，但其仍不能成为真正科学的理论。18 世纪，英国科学家约翰·道尔顿在真正意义上建立了现代原子论。他在化学领域的研究中，提出了元素和原子等概念，很好地解释了自己发现的气体相关规律。1811 年，基于对气体的分析，意大利科学家阿伏伽德罗提出了分子概念。之后，随着化学家们对化合物的组成和化学反应进一步探索，原子 – 分子论初步创立。

1827 年，苏格兰植物学家罗伯特·布朗在工作中发现一个奇异的现象：悬浮于水面的花粉微粒不停地做不规则的曲线运动（后称为布朗运动）。从植物上取来的花粉似乎像微小的动物一样有了生命。难道花粉会跳舞？布朗百思不得其解。在随后近 80 年中，众多的学者都参与了研究，给出了不同的假说，但是这些解释既没有说服力也没有实验可以验证。

曾有学者提出用分子运动论来解释布朗运动，猜测花粉颗粒的运动是由水分子的碰撞而成。可是水分子极其微小，怎么会有力量撞击花粉颗粒使其无规则运动呢？ 1905 年的爱因斯坦留意到这个前人未能解释的谜题。他的目的可不仅仅是揭开布朗运动的真相，而是更接近本质的问题——证明分子的存在。一个水分子去撞击花粉颗粒没有作用，那么成千上万的水分子同时碰撞是否就能解释花粉颗粒的无规则运动呢？爱因斯坦相信这是可以解释的，而且是可以计算的。计算瞬时的花粉颗粒速度不现实，但计算一段时间内颗粒的位移不难。他顺着这个思路得出结论：利用统计力学计算位移，配合扩散系数，即可求得分子的绝对质量。在论文中，爱因斯坦给出了精准数据预测：直径为 1/1000 毫米的颗粒在 17℃的水中，1 分钟内的平均位移约为 6 微米。

爱因斯坦通常会在论文结尾提出预测，留给实验科学家们去验证。这一方面源于他的自信，另一方面也体现了他的严谨态度。事实证明，他所创立的理论不断地被同行们验证有效。就在这篇论文发表几年后，法国物理学家让·佩兰和瑞典化学家特奥多尔·斯韦德贝里分别在物理、化学实验中验证了爱因斯坦的结论,二人也因此研究分获1926年度的诺贝尔物理学奖和化学奖。

爱因斯坦的论文不仅解释了布朗运动,也证实了分子的存在,明确了原子-分子论,发展了统计力学,并对经典热力学提出了挑战。意想不到的是,爱因斯坦采用统计力学构造的数学模型衍生了广泛的应用,在环境气候甚至金融领域都大显身手。前三篇论文在微观研究领域旗开得胜,创作灵感迸发不停,爱因斯坦随即把目光瞄向了宏观领域的另一朵乌云——以太漂移。

## 狭义相对论

1905年7月30日 论文:《论动体的电动力学》

### 另一朵乌云

"以太漂移"这朵于世纪之交笼罩在物理学天空的乌云,比"黑体辐射"还要顽固。自光的波动说诞生,以太这一概念作为物理学大厦的支柱已经矗立了近300年。光波的传播需要以太作为介质,牛顿建立于绝对时空中的机械宇宙需要以太作为参照系,麦克斯韦的电磁学方程需要以太作为环境,以太的存在成为支撑几乎所有物理学理论的基础,不可动摇。科学家们设想,稀薄、轻盈、刚性的以太充塞于太空中,相对于太阳是静止不动的,地球在以太中漂移。于是,不少科学家开始设计各种实验来测量以太的性质。

1887年,美国物理学家迈克尔逊和莫雷根据光传播的特点设计了实验装置:以两只成直角的光臂作为测量工具,把一束光通过分光镜分为两束,

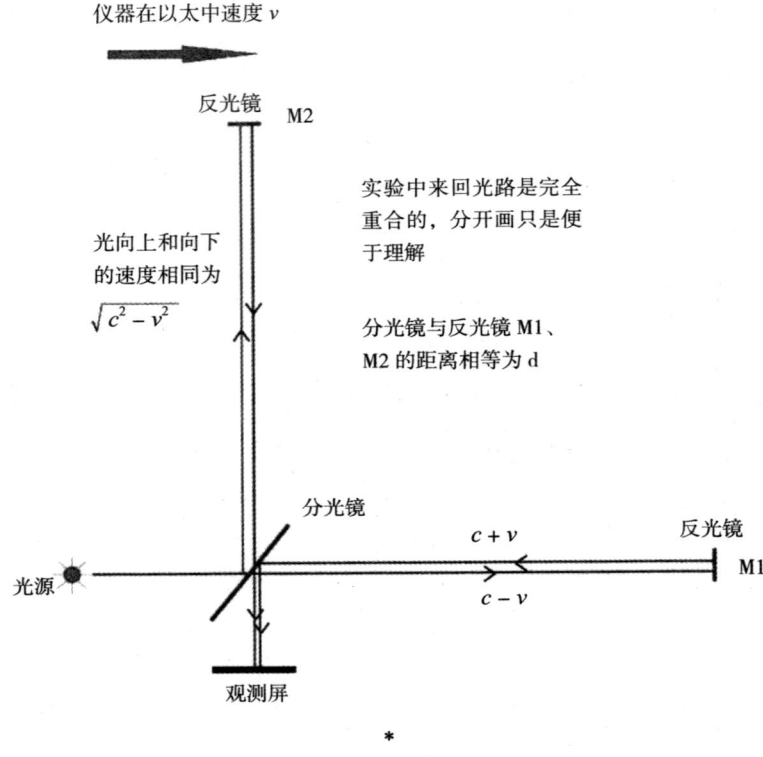

*"以太漂移"实验装置示意图*

一束沿地球运动方向发射至水平光臂末端的反光镜反射回来,另一束以垂直地面方向发射至垂直光臂末端的反光镜反射回来,再将两束光汇聚在一起。由于以太影响水平方向光速导致的光行差,两束光必然产生干涉条纹,即可验证以太的存在。

实验设计得相当精妙,测量结果却令他们失望:没有出现任何干涉条纹。如果实验没有问题,那么就是前提出了问题:以太真的存在吗?科学家们看到物理学大厦支柱上的裂缝,又开始了修修补补的工作。爱尔兰物理学家乔治·菲茨杰拉德和荷兰物理学家亨德里克·洛伦兹先后给出了补救方案:设想物体在以太中运动时长度会收缩(如测量装置的光臂)。

这样的假说可以解释光速不变的实验结果，也能保留以太的存在，洛伦兹更是推导出了长度收缩的数学公式"洛伦兹变换"和一个系数"洛伦兹因子"。

但是，26岁的三级技术员对当世著名学者们的修补工作不满意。爱因斯坦从16岁时撰写的第一篇小论文就开始关注以太的研究，而在联邦理工学院他也设计了十多种类似迈克尔逊的实验作为毕业论文的备选课题，只不过都被韦伯教授否掉了。基于常年信仰的马赫等人的实证主义，爱因斯坦相信，真理只有通过实验证明才能成立。对他而言，迈克尔逊-莫雷实验不是失败的，而是成功的，即证明以太根本不存在。如果以太不存在，必将引发一系列新问题：牛顿经典力学的参照系不见了，绝对时间、绝对空间、绝对运动该相对什么去定义？光速又是相对什么来定义的呢？

10年前，在小城阿劳的山坡上，爱因斯坦就曾经设想过这样的"思想实验"：如果以光速去追赶一束光将会看到什么景象？如果用牛顿力学解释，因为以光速运动的观测者和光束相对静止，只能看到如同定格一般的电磁场；可根据麦克斯韦方程，光速是恒定不变的，即仍能看到正常的光束。一个前提条件导致两个截然不同的结论，爱因斯坦很困惑。

牛顿力学定律和麦克斯韦电磁学定律出现了矛盾；"以太幽灵"又被爱因斯坦断然宣判了死刑，牛顿那伟大的各种物理学理论和麦克斯韦优雅的方程组顿时都失去了参照系；绝对时间、绝对空间、绝对运动都将无所凭赖。物理学大厦的支柱并不是仅仅出现了裂缝，而是根本不存在，其后果就是大厦将倾。在爱因斯坦的科学世界里，不存在对经典理论是拯救还是颠覆的挣扎，他只有一个目标：解决所有学科目前出现的矛盾，追求统一、和谐、简洁、优美的理论。在纷乱如麻的各种矛盾线索中，爱因斯坦敏锐地抽出了两条关键假设：相对性原理和光速（在真空中）不变原理。

## 两条假设

相对性原理是经典力学的基本原理,其表述为:力学定律在所有惯性参照系中形式相同。该原理由伽利略于 1632 年提出,随后在牛顿力学体系中被确立,其中有三个关键概念:相对运动、惯性参照系和叠加原则。

运动是指物体在空间中的相对位置随着时间变化而变化,描述运动必须建立在一个相对的参照物基础上。比如,一列火车驶过站台,对于站台上的人来说,火车是运动的;同样地,相对于火车上的人来说,站台却是运动的。

在经典力学体系中,保持相对静止或匀速直线运动的参照系,称为惯性参照系。所有惯性参照系都是平权和等效的,即任何惯性参照系都有权以自己为标准来定义运动(如火车上的人和站台上的人都可以称对方相对

伽利略船舱实验示意图

于自己运动），而且力学和运动定律在所有惯性参照系中等效。对于这种等效原理，伽利略用其著名的"船舱实验"来说明：

假想把两个人关在一条大船甲板下的船舱里，让他们带上几只苍蝇、蝴蝶和其他小飞虫。舱内放一只大水碗，其中放几条鱼。舱顶挂上一个水瓶，让水一滴一滴地滴到下面的一个宽口罐里。

船静止不动时，苍蝇、蝴蝶和小飞虫向舱内各方向飞行，鱼向各个方向随便游动，水滴进下面的罐子中。一个人把任何东西扔给另一个人时，只要距离相等，向这一方向不必比另一方向用更多的力。人双脚齐跳，无论向哪个方向跳过的距离都相等。

随后，让船以任何速度前进。只要船的运动保持匀速直线，也不忽左忽右地摆动，舱内的人会发现上述现象丝毫没有改变，人们也无法从其中任何一个现象来确定：船是在运动还是静止的。

这个思想实验简明清晰地说明了一切力学和运动定律在惯性参照系中是等效的，而且我们无法绝对地定义观察者所在的参照系是静止的还是保持匀速直线运动的。

至于叠加原则，我们根据日常生活经验就很容易理解：两列火车分别以时速 300 千米相对行驶，在火车上的人看来，对方火车的相对速度都是 600 千米。这种叠加原则也被称为"伽利略变换"。

相对性原理在牛顿力学体系中无比正确，也符合人们对客观世界的感官认知，所以在 200 多年间被视为颠扑不破的真理。而当时的科学家们没有意识到这个真理也有其局限性，即只有在低速运动和宏观力学体系中适用。以今天普通人的认知，汽车时速几十千米，火车时速几百千米，飞机时速上千千米，这些速度难道还不够快吗？但是相对于约 30 万千米/秒的光速来说，我们日常生活中感知的运动现象仍然只能视作低速运动。而在 19 世纪末随着各个科学领域的发展，科学家们也发现了无法用经典力学原理来解释热力学和电磁学中的现象。新兴学科各自为战，彼此难以相洽。

爱因斯坦提出的第二条假设同样面临困境。基于光的粒子说，光可以被看作由光源发射出的光粒子构成，但这样既解释不了干涉现象，而且光速会依赖于光源的运动速度而变化，也就意味着要推翻麦克斯韦电磁学；基于光的波动说，光的传播仅由其频率和强度决定，不依赖于光源的运动状态，这可以通过天文学观测来证明，即不同的恒星发出的光到达地球的速度是一样的。

但这两条假设却存在着不可调和的矛盾。以一个思想实验为例：两个物体相对做匀速直线运动，物体 A 的速度为光速，物体 B 的速度为 0.5 倍光速，那么以物体 A 为参照系看物体 B 的相对速度是多少？按照第一条假设（相对性原理）的叠加原则，答案应为 1.5 倍光速；按照第二条假设（光速不变原理），答案仍为 1 倍光速。

上述思想实验如同爱因斯坦 16 岁时的"追光实验"一样，在一个前提下得出了两种不同的结论，那么意味着其中必有一个结论是错误的。爱因斯坦陷入了前所未有的困局，所有物理学概念似乎都纠结在一起充塞他的脑海：牛顿力学、麦克斯韦电磁学、光学、热力学、时间、空间、速度、运动、参照系……

**灵光乍现**

5 月的伯尔尼春光明媚、暖风习习，可爱因斯坦却愁容满面、心事重重。已经完成了 3 篇论文的他，并没有一点轻松和喜悦，反而被一系列物理学矛盾困扰着，甚至要放弃正在苦思的难题。这一天，从专利局下班后，他照例和好朋友贝索散步回家。一路上，贝索依旧是天马行空地谈论着各种奇思妙想，爱因斯坦只是心不在焉地听着，脑子里还试图在一团乱麻的概念中理出头绪。二人走到老钟楼下时，爱因斯坦停了下来，出神地望着头顶的大钟。整点的钟声敲响了，贝索忙不迭地告辞，声称七点整家人做的晚餐应该同时上桌了。贝索已经跑远了，爱因斯坦却像是被钉在了原地。

他反复咀嚼着贝索的话："同时……同时……"那一刻，他脑海里的乱麻瞬间被清空，只有半空中悬浮的钟表和一辆飞速驶过老钟楼下的有轨电车。"同时……同时……"爱因斯坦"坐上"了那辆电车，眼前一亮："天哪，不是这样！"

"同时性"这个概念如一道灵光照亮了爱因斯坦的"思想实验室"。他飞奔回家，趴在书桌前写写画画，时而停下来凝神沉思。此刻的爱因斯坦似乎还沉浸在自己的"思想实验室"里，米列娃关切的话语和小汉斯的咿呀声都显得异常遥远而模糊，被不断回荡的钟声掩盖了。他就这样彻夜思考着、计算着，忘记了吃饭和睡觉，直到清晨第一缕阳光照进窗户。

一早，爱因斯坦走进专利局，冲到贝索面前，握住他的手兴奋地说道："谢谢你，我的问题解决了！"贝索看着既兴奋又憔悴的老朋友，一时不明就里。

"不是同时的！"爱因斯坦双眼放光。

"什么不是同时？"贝索搔了搔头。

任凭爱因斯坦用手比画半天，贝索依旧很茫然。情急之下，他索性将贝索一把拽到窗户前，指着老钟楼问道："那是什么？"

"大钟啊。"贝索越来越糊涂。

"大钟表示什么？"

"时间啊。"

"时间是绝对准确的吗？"

"是啊。当然，"贝索停了一下，"如果不准的话可以校准啊。"

"好，现在你闭上眼睛。"爱因斯坦在贝索背后，按住他的双肩命令道。

贝索照做了，爱因斯坦把他拉进了自己的"思想实验室"，开始讲解。

"想象一下，你站在站台上，在两侧与你等距离的两个点 A 和 B 上，同时出现两道闪电，在你看来，这两个事件是不是同时发生的？"

"当然是，毫无疑问。"贝索闭着眼不假思索地答道。

"现在你在一辆由 A 点驶向 B 点的火车上高速通过刚才站立的地点，此刻 A 和 B 两地同时出现两道闪电。那么对于火车上的你来看，"爱因斯坦重重拍了一下贝索的肩膀，"这两个事件还是同时发生的吗？"

贝索皱着眉头思考了一会儿，突然睁开眼，回过头盯着爱因斯坦："天哪，B 事件早于 A 事件！"

爱因斯坦半张着嘴、双眼炯炯，对着贝索频频点头。贝索惊呆了，他无法立即明白这个思想实验的结果究竟意味着什么，但以他的科学素养很容易判断爱因斯坦描述的场景是合理的。贝索哪里知道，在前日老钟楼下的夕阳里，他不经意的一句话惊醒了困于重重理论矛盾中的爱因斯坦。"同时性"的定义就是解开所有难题的一把金钥匙。

时间究竟是什么？时间的概念从何而来？古人通过对天象、气候周期变化的观察，发明了年、月、日、季节、节气这样的概念和阳历、阴历、农历等不同的历法，来指导生产和生活。而针对测量较短时间的需要，人类发明了日晷、漏壶、沙漏等计时器，使生产生活中的同步性得以协调。随着摆的等时性的发现、机械摆钟和游丝摆轮钟的接连发明、牛顿经典力学的建立，人类开始把时间赋予了数学意义，将其作为描述物体运动的一个量度。在牛顿的巨著《自然哲学的数学原理》开篇就这样表述："绝对的、真实的、数学的时间，依其自身性质而均匀地流逝，与一切外在事物无关……"绝对时间观是牛顿力学体系的基础，无论对于物理学家还是普通人，这个理念根深蒂固。在我们的固有感知中，似乎有一条时间的长河孤立于万事万物而存在，即使你坐在那里一动不动，时钟也在一刻不停地运转，时间也在一分一秒地均匀流逝；即便世界上所有的时钟都消失了，嘀嗒嘀嗒的声音仍然挥之不去。但真的是这样吗？

时间用什么来定义？以日常经验为例，我们在表达时间时往往会这样说："七点整，我到火车站。"这句话意味着：时钟指针指向七点整和人抵达火车站这两个事件同时发生。由此可见，时间是被事件的"同时性"定义的。如果"同时性"并不是绝对的，对于不同参照系的观察者"同时性"也不同，那么依靠"同时性"来定义的时间也就不是绝对的。爱因斯坦思想实验的结论就是：不存在绝对时间。

绝对时间不存在，那么绝对空间呢？在牛顿著作中表述绝对时间的后半句话是："绝对空间，其自身特性与一切外在事物无关，处处均匀，永不移动。"以普通人的感知，这个描述是正确的：我们在房间中一动不动，所处的这个空间就是均匀不会移动的。但事实并非如此。地球以465米/秒的速度自转，同时以30千米/秒的速度绕太阳公转，我们所在的太阳系在银河系的一条旋臂上以220千米/秒的速度围绕银河系中心旋转，银河系又以600千米/秒的速度向仙女座星云方向极速狂奔，而整个宇宙中类似银河系的星系多得不可计数……按照人们直观感知在房间里静坐的一分钟内，仅在银河系的参照系视角下，我们已经如孙悟空翻了个筋斗云一般，飞到了十万八千里之外。我们以为静止不动的绝对空间也是时刻变化的。

绝对时间不存在，绝对空间不存在，由此引出牛顿曾用经典的"水桶实验"定义的绝对运动也荡然无存。时间、空间、运动都是相对的，每个惯性参照系都有自己认可的相对时间和空间，此前由绝对时间和绝对空间造成不同参照系之间的种种矛盾迎刃而解！爱因斯坦豁然开朗。

时不我待，三级技术员"不务正业"地着手理论攻关。专利局里，他忘我地在桌上写写画画；走在上下班的石板路上经常跌跌撞撞，他的头脑每分每秒都在飞速运转；在家里，他已不仅仅是废寝忘食，而是像一部高速运转的机器般极度专注地钻研难题；深夜里，学术上暂时遇阻的他，会把自己锁在厨房里，轻轻拉起小提琴，寻找新的灵感……

度过5个星期的不眠夜，爱因斯坦终于完成了论文第一稿。"我……成功了！"爱因斯坦把手稿递到米列娃手里，虚弱地宣告。米列娃看着面色苍白、眼圈乌黑、形同枯槁的丈夫，百般心疼又万分欣喜。二人当时绝不曾想到这篇论文对他们、对科学界、对全人类意味着什么，只当作圆了他们从幼年就魂牵梦萦的科学之梦。圆梦的时刻妙不可言，那感觉就像5岁小孩抱着小罗盘时受到的震撼，也像16岁少年触摸穿过指缝的夕阳时体验的奇幻。爱因斯坦和米列娃取出美酒，喝了个畅快淋漓、酩酊大醉。

**表述与推论**

论文首稿完成后，爱因斯坦精力耗尽，足足休息了两周时间。而米列娃则一边照顾爱因斯坦和小汉斯，一边给论文做起了校对和修改工作。1905年7月底，《物理学年鉴》收到题为《论动体的电动力学》的论文。

在论文中，此前的两个假设——光速不变和相对性原理——被提升为两条公理，光速被升格为一个宇宙常数，由此爱因斯坦提出了自己的相对性理论。该理论的表述极为简洁：所有物理学定律在所有惯性参照系中形式相同。起初，爱因斯坦将此理论称为"不变性理论"，又改为"相对性理论"，随后为了与广义相对论有所区别，才演变成了我们今人熟知的名字——狭义相对论。

牛顿经典力学一度是辉煌壮丽的理论大厦，曾经完美地描摹了上天入地的宇宙图景，那建立在绝对时空基础上的机械宇宙观无论是理论上还是实际应用上似乎都是无懈可击，令人崇敬且安心。爱因斯坦敏锐地看到了这座大厦的致命裂缝，他并没有墨守成规地修补它，也没有简单粗暴地推翻它，而是在此基础上盖起了更加宏阔巍峨的相对论大厦，把牛顿经典力学化为新建筑的一根梁柱，并把光学、热力学、电磁学统统囊括其中。

爱因斯坦的野心很大，但初创的狭义相对论还不够完备。大学时期留下的短板——数学，在他想准确表述理论时平添障碍。妻子米列娃和好友格罗斯曼都曾从中相助，但真正帮他排除障碍的却是联邦理工学院的数学老师闵可夫斯基。

闵可夫斯基读到爱因斯坦的论文大为震惊，一则是为狭义相对论颠覆传统时空观而折服，二则论文的作者竟然是自己那不喜欢数学的学生——"懒狗"。爱因斯坦拥有天才般罕见的物理学直觉，闵可夫斯基则有着卓越数学家的创造性思维。这位数学老师建造了一个表达狭义相对论时空关系数学模型：四维时空，即三维空间基础上添加了时间作为一个新维度。于是，所有事件都可以用四维时空的坐标来表达，比如"七点整在车站等我"这样的表达就是生活中的实例。闵可夫斯基敏锐地理解到该理论的精髓：时间和空间都是相对的，但不论参照系怎么变换，两者构成的数学关系是不变的。时间不再是默默伴随我们左右、嘀嗒嘀嗒均匀流逝的长河，空间也不再是装着宇宙万物的大容器，只有在我们各自的参照系里，使用两者的关联表达某种运动或状态时才有其实在意义。在1908年9月德国自然科学家大会上的一次讲演中，闵可夫斯基在阐述四维时空模型时如此说道："自此，空间本身和时间本身都注定化为幻影，只有二者的某种结合才能保持独立存在。"

可是造化弄人，正当师生二人的关系从大学期间的相互抵触通过狭义相对论的研究变为惺惺相惜时，病魔却突然夺走了闵可夫斯基的生命。临终前，44岁的数学教授为了没能继续发展狭义相对论深表遗憾。后世也认为如果闵可夫斯基没有早逝，也许广义相对论可以更早问世，不禁令人扼腕。

于我们普通人，对时间和空间的固有感知可能仍然十分顽固，也没有闵可夫斯基那样的数理水平去洞悉四维时空的直观形象，恐怕也解读不了爱因斯坦由狭义相对论独立推导出的有别于洛伦兹本人的"洛伦兹变换"方程式,但是狭义相对论引出的几项推论,我们是可以理解的。

推论之一:时间膨胀。设想一个这样的思想实验:在一辆匀速飞驰的火车上安装一个装置,让光信号在两面反光镜之间垂直往复传递。在火车上的观察者看来,光信号的运动路径即为垂直的直线,在反光镜之间的运动时间为 $t$;而在站台上的观察者看来,光信号的运动路径应为斜线连成的锯齿线(由于火车也在高速运动),其在反光镜之间的运动时间为 $t'$。由于光速不变,斜线路径明显长于垂直线,那么结果将是 $t' > t$。如果把该光信号的运动看作计时装置,那么可以说:运动的火车上时间膨胀(变慢)了。

值得注意的是,上述思想实验提到的时间膨胀是相对的,即静止站台上观察者看到运动火车上的时间膨胀了,火车上的观察者看到站台上的时间也同样膨胀了。所谓时间膨胀只是一个惯性参照系相对于另一个惯性参照系得到的感官体验,而在各自的参照系里,观察到的时间并没有变化。时间膨胀这个推论很难在生活经验中被察觉,因为在我们所处的低速运动中,时间膨胀效应微乎其微。20 世纪 70 年代科学家们通过飞机环球航行测算出的时间膨胀值只有几十毫微秒,而一毫微秒仅等于十亿分之一秒。换句话说,即便一个人一生中都在飞机上度过,地上的观察者看到的时间膨胀效应也只有十万分之几秒而已。如此微小的变化普通人自然无法察觉,但这不意味着没有实际应用价值。

在我们今天的工作生活中,已经离不开卫星导航系统的帮助。保证卫星上的时钟和地球上的时钟同步,是定位系统准确指示位置的前提条件。根据狭义相对论和广义相对论的时间膨胀效应,人造卫星上的时钟被调校成特定的运转速度,从而保证了在传递信息时的同步性。如果不做调整,地面上接收到的定位信息每天都要产生偏差,并且会越来越大。

在低速情况下,时间膨胀效应不够明显,那么极限速度状态下会是怎样？如果我们和16岁的爱因斯坦产生类似的想法，一个人以光速旅行又会如何？这就引出了一个非常"烧脑"的课题——孪生子佯谬。

设想这样一个情景：如果有一对双胞胎兄弟，哥哥乘坐火箭以接近光速飞离地球做太空旅行，一年后返回地球时，弟弟比哥哥衰老了很多。不过，这个类似神话故事"天上一日地上一年"的思想实验有很多漏洞。首先，根据狭义相对论，时间膨胀效应是相对的，以弟弟的参照系观察，哥哥在极速运动，但以哥哥的参照系来看，弟弟所在的地球也在极速运动，所以兄弟俩重逢时会出现这样的悖论：都觉得对方因时间膨胀效应显得更年轻。其次，如果火箭要完成太空旅行返回地球，必然要有加速、减速、掉头的情况发生，这就不再是狭义相对论惯性参照系探讨的范畴，也就不能得出令人信服的答案。对于究竟谁更年轻的难题，我们可以用两种方式尝试解答。①在爱因斯坦的广义相对论中，同样有时间膨胀效应，可以得出结论：经过加速运动的哥哥更年轻。②根据闵可夫斯基的四维时空模型，弟弟在三维空间中的位移有限，只在时间轴上不断延伸，而哥哥因极速运动产生了巨大的位移，在时间轴上的消耗比弟弟少很多，结论是哥哥显得更年轻。这个思想实验的结论至今仍有争议，但争议和矛盾中也许能诞生新的理论，而我们也可以从中体验爱因斯坦相对论的魅力和思考的乐趣。

推论之二：长度收缩。长度收缩效应说来似曾相识，此前洛伦兹在解释"以太漂移"实验时就提出了光臂长度收缩的假说，意图在保留以太的前提下，使实验结果能够自洽。但爱因斯坦的长度收缩效应则是根据狭义相对论的时空观推导出来的，是针对不同惯性参照系的观察结果，而不是实际意义上机械变化。这个效应可以表述为：在静止车站上的观察者看来，匀速运动火车上的量杆，在运动方向上表现为长度收缩。打个比方，在车站上的人看来，火车上一个面向前进方向站立的人，其身体高度和宽度不变，但是厚度变小了。这个现象乍一听有点不敢相信。但请记住，和时间膨胀效应类似，在低速运动下的变化微乎其微、不可察觉。而且，长度收缩效应和时间膨胀效应一样，都是相对另一个惯性参照系而言。

推论之三：质速关系。爱因斯坦基于狭义相对论，利用"洛伦兹变换"推导出了这样一个公式，用来表达质量与速度的关系。

$$m = \frac{m_0}{\sqrt{1-\left(\frac{v}{c}\right)^2}}$$

在牛顿经典力学中，质量是一个常量。19 世纪末，汤姆逊在实验中发现了电子的动态质量大于静态质量。爱因斯坦的质速公式昭示：物体运动速度值（$v$）越大，质量（$m$）就越大。速度越接近光速（$c$），动态质量就更趋于无穷大。这也就说明了有静态质量的物体运动速度是无法达到光速的。我们日常的低速环境中无法明确体会到质量增加的效应，但在微观领域，这个推论已经在粒子加速器中被后人用实验证明。

如果这个质速公式我们不熟悉，那么爱因斯坦在几个月后据此推导出的另一个方程式，可以说是科学史上最伟大的公式之一，恐怕也是这个星球上知名度最高的。

**质量与能量**

1905 年 9 月 27 日 论文：《物体的惯性和它的能量有关吗？》

4 篇论文完成后，爱因斯坦体会到了多年研究终有突破的幸福感。他迫不及待地和"奥林匹亚科学院"的朋友们分享，并再次致信哈比希特，希望他能来伯尔尼专利局与自己和贝索共事，还能一起愉快地研究物理学难题。此外，信中还说道：

我又想到了那篇电动力学论文的另一个推论，即相对论原理与麦克斯韦方程结合时，要求质量成为物体内所含能量的直接量度……这个想法有趣而迷人。但谁知道呢,没准上帝从头到尾都在嘲笑,并将我引入歧途。

1905 年 9 月 27 日,《物理学年鉴》收到了三级技术员的一篇新论文,全文仅有 3 页,论述只有三个步骤,连名字都显得不那么确定。该文推导出物体质量和能量的关系,并在日后逐渐完善,最终成就了伟大的质能方程式:

$$E = mc^2$$

对于今人而言,这个著名的方程几乎无人不知,能粗略理解其含义者也不在少数。可在它诞生的 20 世纪初,几乎无人能马上接受,因为在当时的经典物理学理论中,质量和能量完全是不存在当量关系的独立概念。18 世纪,化学家们通过化学实验创立了质量守恒定律:在任何与周围隔绝的物质系统(孤立系统)中,不论发生何种变化或过程,其总质量保持不变。18 世纪末至 19 世纪中叶,基于热力学和电磁学的不断发展,能量守恒定律得以建立,揭示了能量转化的规律:孤立系统的总能量保持不变。到了 1905 年这个奇迹般的年份,质量和能量这两个从不曾直接相关的概念被爱因斯坦拉到了一个方程式里。

爱因斯坦左手拿着此前得到的质速方程,右手拽出经典物理学的动能定理公式,双手合力,那个堪称简洁、优美的方程式横空出世。该公式代表的质能守恒定律表述为:在一个孤立系统内所有粒子的相对论静能与动能之和在相互作用过程中保持不变。从此,质量不仅与能量产生关系,还成为能量的量度。这种看似不相关的两个概念的奇妙结合,在科学史上扮演着重要的角色,屡屡引发翻天覆地的变革。代数与几何,天体运动与地面物体运动,电与磁,粒子说与波动说,时间与空间,每一次结合都诞生了新的理论和思想,不断颠覆着固有的科学观,从而发现宇宙自然更深层的秘密。

能量从何而来? 20 世纪前,人类能利用的能源都来自太阳。日照除了带来光明和辐射能，还引发各种可利用能源：使地面上的水蒸发、冷凝成就了水力的利用；使温度变化引起空气流动而形成了风力；通过光合作用变成了植物中的化学能；植物及其复杂变形后的煤炭提供了常规燃料；石油的成因追本溯源也是拜阳光所赐。而爱因斯坦的质能方程式告诉我们：所有物体的质量都可以转化为能量。大自然的一草一木，一滴水，一粒尘埃，都蕴藏着能量。

简洁的方程式仅由三个字母组成，其中一个还是常数。可正是这个常数，代表着不可思议的巨大能量。光速 $c$ 等于 $3×10^8$ 米/秒，$c$ 的平方即为 $9×10^{16}$ 米$^2$/秒$^2$。那么通过公式可以得知：1000 克物质全部转换为能量，将等价于约 250 亿千瓦·时的电能。如果对这巨大的数字无法直观感受，我们可以换个更形象的说法：一颗葡萄干蕴藏的能量可以满足一座超大型城市一天的需求。

上述数字是惊人的，但在爱因斯坦刚刚提出质能方程式的时候，没有人会相信任何物质都可以完全被转化为巨大的能量。即便是今天，如果说 2 千克面粉和 1 千克炸药相比，前者全部转化为能量造成的破坏力是后者的两倍，恐怕也难令大多数人接受。如同爱因斯坦当时这篇论文题目表明的不确定意味，包括他自己在内的科学家们，都无法相信这个公式有一天真的会在应用层面被实现。他只是在论文的结尾处，习惯性地提出了实验建议："也许可以用那些所含能量极易变化的物质（如镭盐）来验证这个理论。"

爱因斯坦用简洁的语言揭示了质量和能量之间的秘密，后世科学家们由此明晰了地球生命之源——太阳的辐射机制（核聚变），也找到了制造新能源的方法（核裂变）。但正是他口中这个"有趣的想法"，最后演变成爱因斯坦心里挥之不去的阴霾，也化为悬在全人类头顶上的"达摩克利斯之剑"。引出质能方程式的论文发表 34 年后，核裂变实验成功。40 年后，日本广岛和长崎上空先后升起了恐怖的蘑菇云……

**无名之辈**

1905 这个本该普通的年份，被爱因斯坦镀上了奇迹的色彩。5 篇重量级的论文中，3 篇都有足够的资格获得诺贝尔奖，但直到 17 年后他才以充满波折的方式获此殊荣。借他之力，世纪之交物理学天空的两朵乌云，神奇地幻化为两道闪电，触发了第二次科学革命。

第一道闪电——量子理论，不仅开拓了微观领域新的探索之路，也在 20 世纪 20 年代众多科学家前赴后继的努力下，形成了物理学单独的一个分支学派继而开枝散叶，深刻地影响了人类对宇宙自然规律的固有认识方式，成为经典物理学和现代物理学的分水岭。普朗克和爱因斯坦都走到了隐匿于经典物理学大厦中的"量子大门"前，普朗克不敢相信，爱因斯坦推门而入后发现那个奇幻的世界和自己的理念格格不入，于是转身出来，并用后半生的时间和精力与大门里的同行们论战不休。

第二道闪电——相对论，与其说爱因斯坦利用它对经典物理学大厦进行彻底颠覆，不如说是改造和扩建。绝对时间、绝对空间、绝对运动是牛顿力学体系的绝对支柱，而在爱因斯坦看来，牛顿力学定律都只是低速运动条件和某种参照系中的特例和近似解。整个经典物理学大厦化为一根小小的梁柱，镶嵌在以他的相对论时空观建立的更加宏阔的新物理学大厦之中。

回溯科学史，我们很难分出 1665 年和 1905 年哪一个更为重要，也无法断定牛顿和爱因斯坦谁更伟大。由于时代的局限性，牛顿的格局和视野可能稍逊一筹。但科学研究亦如登山，不经过山腰又岂能抵达山顶去领略更好的风景？两个奇迹的年份缔造了两次物理学革命，两位天才先后点燃了人类最闪耀的智慧之光。

但是，即便爆发性、创造性地发表了 5 篇流传后世之作，奠基了量子理论，创立了狭义相对论，1905 年的爱因斯坦仍然是伯尔尼小城的无名之辈，唯一的实质性收获就是用那篇分量最轻的论文获得了博士学位。

小技术员继续过着自己平凡而充实的小日子，一边安心工作，一边继续自己的理论物理研究，和好朋友贝索探讨科学或搞点小发明，与妻子米列娃带着小汉斯共享天伦之乐。转过年的春天，哈勒局长为了表彰爱因斯坦的优异工作成绩，擢升他为二级技术员，年薪涨为4500法郎。工作顺利，家庭幸福，好友为邻，美景相伴，爱因斯坦似乎开始满足于伯尔尼的生活。直到一位重量级人物出现，改变了他的生命轨迹。

马克斯·普朗克，普鲁士科学院院士，德国科学界的泰斗，同时也是《物理学年鉴》的编委。在1905年3月那篇关于光量子理论的论文中，普朗克第一次注意到了这位无名之辈。虽然爱因斯坦的灵感显然源自普朗克几年前的能量子假说，普朗克却不认可更加颠覆的量子理论。但几个月后，读到爱因斯坦的相对性理论，普朗克却眼前一亮。他迅速理解了论文的意旨，并敏锐地预感到了这个新理论的广阔前景。在柏林大学的讲演中他阐述了相对论，并撰文在德国科学界推广这个新理论，还主动致信爱因斯坦探讨理论物理学。

自己的理论突然受到了德国科学界重量级前辈的认可，爱因斯坦一时受宠若惊，也看到了跻身学术圈的希望。1906年，备受鼓舞的爱因斯坦又发表了6篇论文，对之前提出的理论做了完善和补充，还给《物理学年鉴》撰写了一些评论文章。普朗克看出爱因斯坦前途不可限量，急于当面会一会这个年轻人。可普朗克正当身体不适，不方便远赴伯尔尼，于是他把这个任务交给了自己的得力助手劳厄。

马克斯·劳厄踏上伯尔尼小城的石板路时，仍旧疑虑重重：老师十分赏识的这位科学家在信中留下的地址不是伯尔尼大学，竟然是瑞士专利局。劳厄坐在邮电大楼三层瑞士国家专利局的前台接待处东张西望，还在想着会不会搞错了地址。一位身穿格子呢西装、娃娃脸、眼神灵动的年轻职员手里拿着铅笔和一沓纸走到接待处转了一小圈,看到接待员不在,就漫不经心地回头走开了。劳厄并没留意,他心目中的相对论创始人不可能是这个毛头小伙。不一会儿,"娃娃脸"再次出现了,他走到劳厄面前伸出手问道:"我就是爱因斯坦,您找我吗?"

人生的价值,
应该看他贡献什么,
而不是得到什么。
——
爱因斯坦

# 第六章　1911　索尔维会议

## 1911 年 10 月 30 日

布鲁塞尔

比利时首都布鲁塞尔都会大酒店大厅里，这个星球上最顶尖的物理学家们济济一堂，三三两两地攀谈着。爱因斯坦身着黑色礼服，在星光熠熠的学界前辈之中，稍显稚嫩却英气勃发。人群中一袭黑衣的中年女士走向爱因斯坦，主动伸出了手。爱因斯坦赶忙握住女士的手，并马上认出来是大名鼎鼎的玛丽·居里："夫人，很高兴再次见到您。"此时的居里夫人正深陷病魔和流言的双重打击，面容憔悴、两鬓斑白却目光炯炯。爱因斯坦低头看到居里夫人瘦削的手上伤痕累累，不禁眉头一皱。"这都是放射性的功劳，"夫人轻轻一笑，并用手指比画着继续说道，"正是你的公式的明证。"爱因斯坦也笑了，他瞬间分辨出对方的手指在空中画出的是一个简单的公式——$E = mc^2$。

## 教授先生

劳厄诧异地盯着小技术员，爱因斯坦疑惑地打量着柏林来的学者。三言两语之后，二人颇为投机，不由得热络交谈了几个小时。两位恰好同岁的青年才俊交流着当时物理学的各种前沿思想，从办公室走到咖啡馆，从老钟楼散步到阿勒河边，从午后聊到傍晚，仍觉意犹未尽。劳厄大为折服于爱因斯坦的奇思妙想，而爱因斯坦也极为欣赏对方的学者风范，两人一见如故，自此结为至交好友。送别劳厄的那一刻，爱因斯坦燃起了对学术圈的憧憬之情。

与此同时，一些学术圈人士也开始暗暗留意这位无名之辈。此前打过交道并授予爱因斯坦博士学位的克莱纳教授，看到了这个年轻人最近几年的不断进步以及其新理论中蕴藏的巨大潜力。克莱纳教授有意将爱因斯坦招至麾下，但按照当时中欧学术圈的规矩，成为教授要先具备讲师资格。于是，克莱纳教授致信爱因斯坦，授意他先到附近的伯尔尼大学取得讲师资格。

1908年2月，爱因斯坦向伯尔尼大学递交了教职论文，顺利地成为一名无薪编外讲师。这年夏天，"爱因斯坦老师"开始授课了：每周二、周六的早7点在伯尔尼大学的教室里讲课，8点再赶回专利局上班。妹妹玛娅当时恰好要到伯尔尼大学完成博士论文，听闻哥哥做了老师，就赶来探访。可当她走进校园，几经打听才找到顶楼的一间小教室。把门轻轻推开一条缝，玛娅看到了奇怪的一幕：教室里一共就四个人，有的坐在椅子上，有的一条腿跨在课桌上，分不清谁是老师谁是学生；爱因斯坦叼着烟斗侃侃而谈，时而插嘴的听众是贝索和其他两位专利局的同事。

妹妹的调侃可以当作笑谈，可是下一个来伯尔尼探访的人，却让爱因斯坦笑不出来了。1908年6月的一天，克莱纳教授坐到了爱因斯坦的课堂上。为了这位年轻人，老教授可算煞费苦心。此前不久，他专门在苏黎世大学申请设置了理论物理学教授的职位，并把爱因斯坦作为热门候选人之一。可爱因斯坦仍按照此前的习惯方式，在课堂上天马行空地讲着自己的理论思想，专门从苏黎世赶来听课的克莱纳教授坐在讲台下眉头紧锁、面色深沉。爱因斯坦注意到老教授的神色不对，越发紧张，结果这堂课最终讲得一塌糊涂。克莱纳教授十分失望地告知爱因斯坦没有通过考查，不管是作为老师的仪态还是授课能力，其水平还不足以胜任教授的职位。

爱因斯坦备受打击，一方面觉得学术之路没有自己想象的那么容易，另一方面也知道自己辜负了克莱纳教授多年来的用心关照。他暂时收起了狂傲之心，认真地思考了自己的问题。虽然平等、自由的思想交流是他自学生时代就欣赏的教学方式，但这不应等同于散漫的课堂教学风格。作为大学教授，传授基本的知识和学习方法才是教学基础，太过激进的学术思想反而让学生很难消化。而且只有在保证正规教学的前提下，活跃的气氛和碰撞的思维才能锦上添花。

想通了这一点，爱因斯坦罕见地开始认真备课，并在朋友们面前反复演练课堂讲授技巧。几个月的准备后，爱因斯坦致信克莱纳教授表达了真诚的愿望，而老教授也欣然给了他一次机会。1909年2月，在克莱纳安排下，爱因斯坦在苏黎世物理学会上做了一次专题演讲。他的专业、睿智、幽默和精心的准备让演讲大获成功，得到了克莱纳教授的认可。尽管校方对新教授的犹太人身份颇有微词，但通过克莱纳教授的力挺，爱因斯坦最终通过投票顺利拿到了苏黎世大学理论物理学副教授的职位，薪酬与在专利局时相当：年薪4500瑞士法郎。13年前，在大学入学法语作文考试中许下的成为老师的愿望，如今方才成真。爱因斯坦终于在自己名字前加上了教授的头衔。

教授先生心情大好，教授夫人却有些抑郁。米列娃心中越来越矛盾，一方面她自己的女物理学家之梦彻底破灭后，希望都寄托在丈夫身上，自然希望他早日在学术圈功成名就；可另一方面，爱因斯坦越是成功就越没有时间陪妻儿。眼看着丈夫一举迈进科学殿堂的大门，自己却只能拉着孩子在门外远远眺望，米列娃实在不甘心就这么做一个家庭主妇。爱因斯坦不曾想到，获得教授职位成为他学术生涯和婚姻生活的双重转折点。

1909年7月，爱因斯坦正式从专利局辞职，告别了技术员生涯。哈勒局长欣然放行还送上了祝福，虽然深表遗憾，但他早早就看出这个年轻人绝非池中之物。爱因斯坦走出邮电大楼，漫步于杂货街的石板路，驻足于老钟楼下，徜徉于阿勒河边，直到夕阳西下。7年的伯尔尼生活转眼即逝，机缘巧合之下为了谋生来到这里，却收获了终生难忘的美好回忆。年轻人们的思想碰撞飞扬在这里，火花般的灵感爆发在这里，惊人的理论和可爱的儿子都诞生在这里。再听几次老钟楼的钟声吧，那是多么美妙。

1909年9月，爱因斯坦一家三口告别伯尔尼，迁居苏黎世。时隔9年，爱因斯坦和米列娃重新回到这座承载他们太多回忆的城市。二人曾在这里相识、相爱，曾拥有共同的科学梦想，也曾在刚刚毕业时屡遭生活的打击，如今在某种程度上也算是衣锦还乡。爱因斯坦最开心的还是与老朋友格罗斯曼重逢。此时，格罗斯曼已回到母校苏黎世联邦理工学院任职数学教授，与爱因斯坦所在的苏黎世大学仅有一墙之隔。久违的两位老同学相见，难免要回忆起大学时期的趣事，爱因斯坦难以忘怀的还是当年格罗斯曼的数学笔记。这一次，爱因斯坦在发展自己的相对论过程中，又遇到了数学问题需要老同学施以援手。事后证明，格罗斯曼的数学功底仍然是值得信赖的。

回到苏黎世的爱因斯坦心情舒畅，米列娃的抑郁情绪也有所恢复，二人似乎短暂找回了初恋时的甜蜜。教授先生的学术生涯正式开启了，除了苦心钻研理论物理学，他也竭尽全力去做一名好老师。

没过多久，紧邻的两所大学师生中，就开始谈论这样一位与众不同的年轻新教授：他不像任何一位教授注重仪表，而是经常穿着半新不旧的上衣，或肥或短、明显不合身的裤子，还经常不穿袜子；他在课堂上很随意，说着说着就干脆坐下来讲课；他上课从不带讲义和书本，只有一沓写满字的小纸条；他允许并鼓励学生在课堂上打断他，还喜欢和有异议的同学热烈争论；下课后，他还和同学们一起去喝咖啡，继续着课上没有尽兴的讨论。

幸福时光总是过得很快，1910 年 7 月，爱因斯坦教授又迎来新的幸福时刻——次子爱德华降生。小儿子爱德华比哥哥汉斯显得更聪明伶俐，深得父母宠爱。但这个孩子生下来就病了几周，当时的爱因斯坦夫妇都未在意。谁曾想，这个天资聪颖的孩子将成为爱因斯坦后半生的隐痛。

爱因斯坦在苏黎世大学的教学有口皆碑，同时还坚持理论研究并在学术期刊上发表论文，他的名字逐渐引起了欧洲各著名大学的注意。久负盛名的奥匈帝国布拉格大学（德语区）发来了邀请信，并许以高额薪酬。爱因斯坦动心了：首先，布拉格方面许诺的教职是正教授；其次，对方给出的薪酬比苏黎世大学高出一倍，为年薪 9000 瑞士法郎，家中刚刚添丁的爱因斯坦至少在经济上可以后顾无忧；最后，还有他视为师长的普朗克教授的支持。普朗克教授在给布拉格大学的推荐信中，大大褒奖了爱因斯坦的能力，称其引发的物理学变革在科学史上仅有引入哥白尼的宇宙体系可以相提并论，甚至把爱因斯坦比作"20 世纪的哥白尼"。

听说爱因斯坦教授要离职，他的学生们可不愿意了。他们联名致信苏黎世大学校方，极力挽留这位难得的好老师。爱因斯坦对学生们和这座充满美好回忆的城市固然有感情，但为了更好的学术和生活环境，他选择了向前迈出这一步。米列娃自然不情愿离开苏黎世，但为了两个孩子能有更好的物质生活质量，也就顺从了爱因斯坦的意愿。爱因斯坦下定决心离开，可是布拉格方面又出了问题。布拉格大学的董事会成员在商讨人选时,爱因斯坦的资格被另一名当地教授挤掉,原因则是他的犹太人血统。19世纪末,拥有500余年历史的布拉格大学分裂为德语大学和

爱德华、米列娃和汉斯

捷克语大学。在德语区的大学内,占主流的德意志人不仅对捷克人充满敌意,而且对犹太人也是另眼相看。因此,尽管爱因斯坦在学术声望上无可挑剔,但他的血统成为障碍。好在那位当地教授在听闻竞争者是爱因斯坦后,发出了正直无私的声音,自愿让位于更加优秀的爱因斯坦。

1911年3月,爱因斯坦偕全家迁往布拉格,正式任职布拉格大学理论物理学主任。职位提升,薪水翻倍,房子变大,经济实力变强,生活质量提高,家里甚至第一次雇得起女佣了,然而在这座古老浪漫的城市里生活没多久,夫妻俩都有格格不入之感。爱因斯坦生性随意、不拘小节,而布拉格的学术圈子崇尚奢靡生活、虚伪交际和无意义的礼仪规矩。刚一入职,爱因斯坦就要为新教授入职仪式定制一套特殊装备:一套奢华的老式礼服、一顶古典三角帽和一把佩剑。在爱因斯坦眼中,这无比滑稽可笑。布拉格大学另一个陋习是,新教授上任前要逐个拜访所有同事。把40多个同事走访一遍,对不愿走过场的爱因斯坦来说简直是浪费时间。他把那套蹩脚的华服给了朋友,也没有去拜访所有同事,爱因斯坦来布拉格是搞理论物理研究的,不想违心地取悦他人。可想而知,布拉格的学者们对这位不谙世故的新成员有多排挤。在他们眼中,日耳曼人是"优等民族",捷克人是"劣等民族",犹太人则是两方都不喜欢的异类,何况这个一点教授样子都

没有的犹太人还带着一位来自塞尔维亚的古怪老婆。

米列娃同样不喜欢布拉格,除了人际关系恶劣,此地的自然环境和水质也很糟糕,对她自己本就脆弱的身体健康毫无益处,也不利于两个小孩子成长。没过几个月,米列娃身体越来越差,心情越发抑郁,夫妻俩也开始为琐事争吵。爱因斯坦不得不在任职的同时留意欧洲其他大学的任职机会。到了秋天,正当踌躇之时,他收到了一份科学家会议的邀请函。在这次科学盛会上,爱因斯坦大放异彩,其学术生涯又出现了转折。

## 群星闪耀

欧内斯特·索尔维,比利时化学家和实业家,幼年即对自然科学产生兴趣,16岁因病辍学进入工厂做学徒,21岁参与家族企业,后与其弟创办自己的第一座工厂,27岁发明新的制碱法,由于苏打在工商业广泛应用获得了巨额财富。商业成功后的索尔维并没有忘记儿时因失学而中断的科学梦想,一方面自己坚持物理化学研究,另一方面也想效仿创办诺贝尔奖的阿尔弗雷德·诺贝尔回馈社会和资助科学研究。他在偶遇德国科学家瓦尔特·能斯特时谈起自己的想法,二人一拍即合。在能斯特的建议和策划下,索尔维决定出巨资举办一次全世界顶尖物理学家的会议,在世纪之交理论物理学新思潮层出不穷之时,给学者们提供一个思想碰撞的舞台。

1911年10月30日比利时布鲁塞尔都会大酒店,20多位当时公认的著名物理学家受邀参加为期5天的会议。主办方不仅提供每位与会者往返交通和会议期间一切费用,还赠予每人1000法郎。后世为了感谢索尔维的无私奉献,将此次会议称为"索尔维会议"。索尔维会议前后举办了20多次,一直延续到21世纪,成为物理学界的传统盛会。

此次会议由能斯特和普朗克总策划,洛伦兹被选为会议主席,卢瑟福、维恩、庞加莱、居里夫人、朗之万等学者参加会议，32岁的爱因斯坦也作为物理学新生力量受到邀请。第一次在高端科学会议露面，与众多学界前辈和巨擘共同探讨新兴理论，真正跻身世界级学术圈子，爱因斯坦受宠若惊。鉴于对严肃科学和众多前辈的敬畏，他收起了此前的轻慢，换上了崭新的黑礼服奔赴布鲁塞尔。

会议主题为"辐射与量子"，由普朗克能量子假说奠基、爱因斯坦光量子假说引发的量子理论，成为学者们关注的热点。爱因斯坦在会议上做了题为"论比热容问题的现状"的演讲，该演讲被视为量子理论的正式发端。与会20多位科学家对量子理论的态度各有不同，一半人支持新理论，另一半人选择了观望或反对。爱因斯坦当时对量子理论也充满矛盾：一方面他是该理论的推动者，比普朗克更激进，虽然当时还没有实验能验证，但他相信量子已不是普朗克眼中为了解释物理现象而创造的数学概念，而是一种物理实在；另一方面，随着其他科学家不断发展量子理论，该理论又和他追求的具有严格因果律和确定性的科学信仰逐渐背道而驰，他转而和普朗克一起成为坚定反对量子理论的一方。16年后的第五届索尔维会议上，爱因斯坦更是成为经典学派的领军人物和量子学派进行了一场巅峰对决。

虽然学术上有争论，但爱因斯坦的学识和风采在会议上受到大多数学者的关注和欣赏，也使他结识了不少至交好友，居里夫人就是其中之一。玛丽·居里夫人当时虽仅44岁，却已两鬓花白、面容憔悴、身心俱疲。除了常年进行艰苦、危险的化学实验让她体质虚弱、伤痕累累，她还要承受舆论的空前恶意。就在会议召开期间，欧洲各大媒体都在制造她与保罗·朗之万的绯闻以博人眼球、增加报纸销量。可是，从步入科学界就因其性别饱受非议的居里夫人选择坚强面对。尽管瑞典诺贝尔奖组委会反复劝阻，她仍然在索尔维会议结束两个月后亲赴斯德哥尔摩领取了1911年度的诺贝尔化学奖并做了获奖演说。居里夫人在科学上的执着和面对生活的

第一届索尔维会议中的爱因斯坦（右二站立者），1911 年

坚强、勇敢感染了爱因斯坦，他对这位特立独行的女性表达了坚定的支持，二人由此结成的伟大友谊成为科学史上一段佳话。

走出都会大酒店的爱因斯坦，已经成为科学界冉冉升起的一颗新星。欧洲各大学和协会都表示出对新理论的热情，纷纷邀请他讲学和交流。爱因斯坦辗转于欧洲各大城市之间，无暇顾及家庭，留守布拉格的米列娃心情愈加烦闷。

## 柏林来客

1912 年 3 月，结束了欧洲巡回交流的爱因斯坦取道柏林，探望母亲。自从丈夫去世后，波琳也无意留在意大利，搬到了柏林亲戚家同住。母亲打量着成熟儒雅、已是大学教授的儿子，激动得流下眼泪，感觉儿子的成就足可告慰亡夫赫尔曼。爱因斯坦在柏林逗留数日,和母亲倾诉思念之情。在母亲家中,他与久未见面的表姐爱尔莎重逢。早在慕尼黑居住期间,幼年的爱因斯坦就和年长三岁的表姐一同玩耍,颇为要好。如今的爱尔莎已经离婚,带着两个女儿伊尔莎和玛格特在柏林的娘家居住。二人多年不见,聊起儿时的趣事还是忍俊不禁。

探亲后,爱因斯坦刚刚返回布拉格的家中,就收到了一封来自母校的邀请函。此时的苏黎世联邦理工学院刚刚升级为苏黎世联邦理工大学,急需爱因斯坦这样的新生力量来扩充学校实力。居里夫人和庞加莱等著名科学家给出了推荐信,校方开出高于布拉格大学的薪酬,爱因斯坦夫妇都对苏黎世这座城市和母校有很深的感情,而且都有些厌恶布拉格的生存环境,于是他们欣然应允。

1912年8月,爱因斯坦重返苏黎世,就职母校的理论物理学教授。熟悉的城市,熟悉的校园,还有熟悉的老友格罗斯曼一起探讨学术,让爱因斯坦如鱼得水。可本该同样高兴的米列娃却出了状况。她的身体越来越差,风湿病和神经衰弱让她行动不便、烦躁不安,从而导致其脾气越来越大。爱因斯坦正是春风得意和专注科研之时,对妻子的烦躁情绪也疏于关心,二人的争吵次数越来越多。爱因斯坦索性逃避到科学研究之中,米列娃感觉被忽视,恶性循环之下,夫妇俩关系日渐紧张。一年后的一个变故,让他们的婚姻关系雪上加霜。

1913年7月12日星期六一早,普朗克和能斯特突然出现在爱因斯坦的办公室里。原来,德国皇帝威廉二世一意孤行地迷恋军国主义扩张,在政治、经济、军事各领域加大投入,当然也很看重本国的科学实力,并计划创办一所新的物理研究所。二位前辈闻讯不约而同地想到了苏黎世的科学新星,便在普鲁士科学院提出招募爱因斯坦计划。聘任计划刚一通过,两位老教授各自偕夫人搭乘夜班火车赶往苏黎世,求贤若渴的他们此次来

访提供了令人无法拒绝的三个职位和高额薪水:

1. 普鲁士科学院院士;
2. 威廉皇帝物理研究所所长;
3. 柏林大学物理学教授,且没有教学任务;
4. 年薪12000马克。

爱因斯坦面对如此优厚的条件反而犹豫了:一方面,两位德高望重的前辈亲自相邀且新职位意味着名利双收,柏林是当时世界物理学研究的中心而且可以和母亲相伴;另一方面,他对苏黎世有深厚感情,有多年好友共事,而重返德意志更是他的一块心病。想起幼年对德国军国主义和民族主义恶劣氛围的厌恶,15岁时逃离慕尼黑的决绝,爱因斯坦抽起了烟斗,来回踱步。

两位同样谢顶、蓄着同样的大胡子、戴着夹鼻眼镜的老教授面面相觑:普朗克瘦瘦高高,一副普鲁士贵族的行事严谨、略显古板的老绅士派头;能斯特矮矮胖胖,一副笑容可掬、眼神古灵精怪的生意人模样。二人本以

*普朗克与能斯特*

为爱因斯坦会欣然应允，万万没料到如此高薪高职都没能吸引这个年轻后辈。普朗克坐不住了，一本正经地反复陈说国家重视科学研究、德国本就是祖国、相对论如何成功、未来大有可为等话语。爱因斯坦终于开口了，以他一贯的调侃风格说道：

"恐怕我这只'母鸡'很难再下'金蛋'喽。"

"这大可不必担心，"能斯特笑着接道，"我们都听说你正在扩展你的理论。"

"可是，柏林……"爱因斯坦望着普朗克欲言又止。

"你要知道，如今全世界能理解相对论的只有12个人，"能斯特眼珠一转，略带狡黠地说道，"其中有8个人都在柏林。"

爱因斯坦闻言大笑起来，沉吟了一会儿，也狡黠地对能斯特说道："不如这样吧，明天是休息日，二位先生到附近游览一番，给我点时间考虑一下。想好之后我会去车站接你们，到时候如果我拿着红玫瑰就代表我同意到柏林就职。"爱因斯坦故意抽了口烟，顿了一顿继续说，"如果我拿着白玫瑰，那么……"

苏黎世近郊的小山上，是俯瞰老城和两座高等学府景色的绝佳之地，可普朗克和能斯特一点欣赏美景的心思都没有。普朗克一路沉思不语，能斯特却一直在滔滔不绝地发表着各种猜测，两位老教授被古怪的爱因斯坦搞得一头雾水。傍晚时分，无心游览的一行人返回老城区。火车刚刚进站，心急的能斯特从车窗探出头去想早点知道结果，可他只看到爱因斯坦背着双手、端立于站台上微笑等候。及至二人走到跟前，爱因斯坦一言不发，只是把背着的双手举到眼前：一束玫瑰鲜红欲滴。

一只盲眼甲虫爬过树枝,
它不会注意到爬过的路径是弯曲的。
我有幸注意到那只甲虫没注意到的事情。
——
爱因斯坦

# 第七章 1915 广义相对论

## 1915年11月18日晨

柏林

爱因斯坦正在公寓里为当天的演讲准备资料，一封邮件不期而至。看着上面的名字，他略显忐忑。自从5个月前他在哥廷根大学做了新理论的报告后，这位著名数学家希尔伯特就兴致勃勃地加入了寻找最终方程式的行列。二人惺惺相惜、互通有无，却在友善的通信中都语带机锋。爱因斯坦隐隐感觉到，自己孤身一人经过8年漫长的马拉松长跑，在即将到达终点的时刻，用余光瞥到了突然杀出来的竞争者，而这个人也是旷世奇才。他深知，科学竞赛里没有亚军。今天，爱因斯坦就要在普鲁士科学院的例会上骄傲地宣布自己的方程成功解释了水星进动难题，不想受到任何干扰。可他还是忍不住打开了邮件，瞬间目瞪口呆：信中的方程式与自己的结果惊人地相似！

## 三场战争

1914年4月,爱因斯坦应普鲁士科学院之邀,偕妻儿迁居柏林。在这个政治、文化、经济、科学各方面均为德国中心的大都市,他将度过风起云涌的20年。刚刚走进位于菩提树下大街的科学院,爱因斯坦还有些不适应,甚至要花时间练习日常社交礼仪。好在有普朗克、能斯特等前辈的支持,爱因斯坦享受了前所未有的待遇和自由度,也结交了化学所所长弗里茨·哈伯、天文台助理埃尔温·弗洛因德里希等好友。舒适的住处,顶级的学术环境,知心的学界朋友,爱因斯坦似乎可以心无旁骛地专注拓展自己的新理论了。可出乎意料的是,等待他的并不是一帆风顺,而是"三场战争"。

第一场战争是已现危机的婚姻之变。自从1905年以5篇论文一鸣惊人,1911年在索尔维会议上崭露头角,到辗转几个城市的大学教授生涯,爱因斯坦在学术圈的名望和物质生活水平水涨船高,但夫妻二人的矛盾反而越来越大。这次迁居柏林,对爱因斯坦来说又上了一个新的台阶,可对米列娃来说却像噩梦一般。

米列娃在柏林这座大都市比在布拉格时还要压抑,因为她要直面爱因斯坦家那些不友好的亲戚们。爱因斯坦感受到的是温馨的亲情,迎接米列娃的却是风刀霜剑。除了当年就反对他们婚事的母亲波琳和妹妹玛娅,又多了一位和爱因斯坦关系亲密的表姐爱尔莎,米列娃却被视为局外人。她深陷日常琐事的烦恼和婆婆小姑的冷言冷语之中,身边没有一个知心人,连丈夫也不站在自己一边。怨恨和争吵越来越频繁,最初因科学梦想和纯真爱情走到一起的两人,隔阂已无法弥缝。仅仅两个月后,夫妻战争就爆发了。爱因斯坦霸道地提出了一份极其苛刻的"生活准则",诸如"做好家务事""不许碰我的书桌""不和你一起出门""我问你、你必答""让你闭嘴就闭嘴""让你离开就离开"这样对待仆人的要求，似乎是逼着米列娃主动放弃这段婚姻。可米列娃隐忍地答应了，自己的事业梦想早早破灭了，她不甘心就这么放弃最后的依靠。事情传到朋友们耳中，哈伯美丽贤惠的妻子克拉克对米列娃的境遇深表同情。她主动提议让米列娃和两个孩子搬去自己家同住，以缓和夫妻关系。

一个月后，分开的两人并没有任何复原的迹象。好心的哈伯夫妇从中调停，也没有效果。米列娃身心俱疲，在哈伯家与爱因斯坦签订了分居协议，决意离开这伤心的城市。爱因斯坦在感情上似乎有些残忍，但在金钱上并不吝啬，同意将年薪的一半作为米列娃和两个孩子的赡养费。1914年7月29日，柏林安哈特尔火车站，哈伯陪同爱因斯坦前来送行，贝索从瑞士赶来接米列娃母子回苏黎世。4个成年人默默无语，两个孩子还不谙世事，听说要回苏黎世反而有些开心，只是不明白父亲为何不愿同行。

返回寓所的路上，夏日的天空飘起了小雨。哈伯一言不发地告辞，爱因斯坦打开了房门，坐在沙发上独自发呆。凉风和雨丝从敞开的窗户飘进来，他打了个寒战，突然流下了眼泪，继而像个孩子一样号啕大哭。分居是他想得到的结果，对待米列娃的态度也显得不近人情，但爱因斯坦并不是铁石心肠。20年前大学校园里的相恋，毕业后面临的窘困，所有亲朋好友都反对时的义无反顾，伯尔尼小城里分享成功的喜悦，一家四口曾经的天伦之乐，都恍如昨日。彼此的欣赏、共同怀抱的科学梦想，最终都败给了生活。从午后到夜晚，爱因斯坦躲在屋子里，生来第一次如此肆意地痛哭流涕。泪水里有心酸，有痛苦，有解脱，有无奈，他的青春和爱情随着南下的火车一去不返。

与此同时，另一场真正意义上的战争已经打响。爱因斯坦走进柏林城的时候，还沉浸在对未来学术前途的憧憬之中，完全没注意到城市里弥漫着亢奋的空气。德意志帝国皇帝威廉二世自从上位后，称霸全欧的野心显露无遗。德国在欧陆与法国新仇旧恨不断，在海外殖民地与英国摩擦频频，德国的盟友奥匈帝国与东方强大的邻居俄罗斯帝国在巴尔干半岛反复角力。大国明争暗斗，小国各怀鬼胎，整个欧洲如同装满火药的干燥柴房，只等擦枪走火即可引爆。

1914年6月28日，痛恨帝国主义强权的塞尔维亚爱国青年普林西普，趁奥匈帝国皇储斐迪南大公偕夫人于萨拉热窝访问之际将其刺杀。导火索被引燃，7月28日奥匈帝国向塞尔维亚宣战。紧接着，欧洲列强挥舞着"刀叉"穷凶极恶地冲上"餐桌"，意欲瓜分更多的"蛋糕"，第一次世界大战爆发。德国是同盟国的主力，柏林则是战争旋涡的中心。多年的军国主义和民族主义熏染下，德国民众把战争当作只赚不赔的游戏。

整个国家陷入战争的疯狂状态，以理性著称的科学家们也不能例外。1914年10月4日，德意志、奥匈帝国的93位科学家、作家、艺术家等文化精英联名发布了声明《告文化界书》，粉饰发动战争的正义性，美其名曰"捍卫欧洲文明"。爱因斯坦痛恨军国主义的虚伪，也不把德国视为自己的祖国，更不齿科学家们助纣为虐的行径。他不仅坚定拒绝在上述"93人宣言"上签名，而且还参与起草了反对军国主义发动战争的小册子《告欧洲人书》，郑重声明毫无正义性的战争将会摧毁欧洲的文明。可这份抗议书最终仅有4人签名，在举国上下群情激奋的汪洋大海里没有掀起一丁点浪花。随后，爱因斯坦还参与创建了反战组织"新祖国联盟"，并于次年发表了一篇名为《我对战争的意见》的报刊短评，其中倡议欧洲组建新的国家组织，以该组织协调国家间矛盾来代替武力争端。当时的爱因斯坦虽人微言轻，但敢于在舆论的风口浪尖发出反对声音，这需要悲天悯人之心与莫大的勇气。相较之下，他的科学家朋友们，如普朗克、能斯特和哈伯等人，不仅在"93人宣言"上签名，而且在行动上支持这场不义之战。

普朗克是传统的普鲁士贵族出身，坚定地支持军国主义，自己已年近六旬无法参战，就把两个儿子和众多学生送上前线，并视之为无上荣耀。同样做出积极表现的还有能斯特。这位著名的化学家不仅送两个儿子上战场，自己也要参军，只是因为年龄太大的原因被军方劝阻。继而他开始利用自己的科学知识致力于研制催泪弹等化学武器，并被德军授予少校军衔。获衔后，能斯特在家里穿上军装对着镜子反复演练敬礼和走军步，兴奋不已。

另一位获军衔的化学家也是爱因斯坦的好友哈伯。出身于犹太商人家庭的他，自幼聪颖异常，19岁取得博士学位，33岁迎娶同为化学家的克拉克小姐，可谓家庭事业双丰收。37岁时他发明合成氨方法，一方面液态氨可以制成化肥，加速了世界农业的发展；另一方面也为烈性炸药提供了原料。同一种科学发明，却演变出救人和杀人两种截然相反的结果。哈伯与爱因斯坦相识后即成为好友，还曾努力缓和爱因斯坦的夫妻矛盾。可虽然同为犹太人，哈伯的政治观念和人生信仰与爱因斯坦迥然不同。哈伯认同军国主义思想，一心一意想摆脱犹太人身份，做个真正的德意志人。"一战"爆发，给了这位化学家大展身手的机会。比起能斯特研制的还算人道的催泪弹，哈伯则致力于氯气和芥子气等更具杀伤力的毒气弹，还坚称此举是"为了尽快结束战争"。

1915年4月22日，哈伯亲临比利时伊普尔前线阵地指导施放毒气。当天下午，借着有利风向，德军打开了5000余只钢瓶的阀门。绵延8千米长、离地1米高的黄绿色毒雾，贴着地面顺风缓缓飘向对面阵地，如同魔鬼的哈气。几万名英法联军士兵还蒙在鼓里，以为是什么稀奇的自然景观。几分钟后，联军阵地就变成了鬼哭狼嚎的人间地狱。在氯气的致命刺激下，士兵们呼吸困难，眼睛和喉咙都被灼伤。"伊普尔之雾"，瞬间共造成了15000名协约国士兵受伤，5000人死亡。一个月后，英军为了报复，也使用了同样的氯气攻击。在日渐疯狂的欧洲战场，禁止毒气战的《海牙国际公约》成了一纸空文,人类历史上第一次化学战由此诞生。战争的车轮一旦启动,人性和道德都将被肆意碾压。

哈伯对此等反人类行径引以为荣,爱因斯坦却痛心疾首:本是造福人类的科学,如今却成为杀人的利器;本应醉心学术的科学家,却化身为魔鬼的代言人。在爱因斯坦眼中,普鲁士科学院变成了疯人院,柏林城里住满了疯子,德国成为疯子之国。这还是诞生了歌德、康德、海涅、席勒、巴赫、贝多芬的德国吗?孤掌难鸣的爱因斯坦心灰意懒,

弗里茨·哈伯

索性关起门来继续钻研他的新理论。可这个新理论的诞生历程并不比 10 年前轻松,反而更加波折。除了家事、天下事的纷纷扰扰,他还要面对第三场学术战争:与一位数学天才的当面对决。

## 天才对决

让我们把时钟暂时拨回奇迹一般的 1905 年。发表了《论动体的电动力学》后,爱因斯坦没有自鸣得意而停下继续研究的步伐。如同一场足球比赛的上半场结束了,中场稍作休息调整,还有更艰难的下半场等着他。在当时的物理学界还没有完全理解和认同狭义相对论时,他自己很清楚这个理论还不完备。该理论虽然足够石破天惊,改造了统治宇宙 200 多年的经典物理学体系,但它的局限性同样明显:不包含非惯性参照系和引力理论。

首先,狭义相对论适用的场景为所有惯性参照系,即静止或匀速直线运动参照系。在爱因斯坦的"思想实验室"里无数次飞驰的火车,都是保

持匀速直线运动的。那么，火车启动、刹车、转弯时产生的非匀速运动状态下，狭义相对论就失效了。

其次，狭义相对论没能解释经典物理学中一个重要概念——引力。万有引力定律作为牛顿的天才发现，把天上的星体和地球上的万物的运行法则用一个方程式展露无遗。200年间，不断的事实验证更是让科学家把万有引力奉为宇宙间的真理。但是，无论是科学家还是普通人，都不曾深究一个概念：引力是什么？牛顿认为我们所见的大到太阳、小到苹果的所有物质都在互相吸引，从而决定了其运动轨迹，但他没能解释引力从何而来。而且，引力还有两个无法解释的特性：瞬时性和超距作用。在爱因斯坦的狭义相对论中，光速已经是宇宙中的极限速度了，可引力则根本不需要传递过程，瞬间即可起作用。另外，引力的作用可以隔空生效，不受距离影响。

上述困扰爱因斯坦的概念，不论对于懵懂少年还是资深物理学家，却似乎都是与生俱来、天经地义的。物理学家们面对宇宙自然时，总像一名手忙脚乱的修理工，拿出工具箱里的螺丝刀、扳手、锤子等各式各样的工具，用不同的手段解决不同的问题。但爱因斯坦的科学信仰告诉自己，不够统一、简洁的方法就不是真正的自然法则。这种追求始终萦绕在爱因斯坦的脑海里，如同早年关注的光的性质一样，他总能敏锐而执着地关注别人忽略或逃避的本质问题。用他自己的话说，他总喜欢"在木板上最厚的地方打孔"。

1907年11月，爱因斯坦还坐在伯尔尼专利局的办公室里，一边做着专利审查，一边望着窗外遐思。他慢慢踱到窗口，望着不远处的老钟楼：两年前关于时间的直觉灵感还会出现吗？他缓缓闭上双眼，把"思想实验室"里所有的内容全部清除，一个虚拟的自己站在空荡荡的"实验室"里自问自答：

我能感觉到引力吗？可以的。牛顿说，站在地板上的我感受到的重力就是源自地球的引力。如果没有地板的阻挡呢？牛顿说，我将以 9.8 米 / 秒² 的重力加速度进行自由落体运动。如果我闭上眼睛还能感觉到自由落体运动吗？可以的，因为有风会从耳畔吹过。如果我在一个密闭舱里和舱体同时下落呢？奇怪，我感觉不到自由落体运动了，不知道自己身处何地，也不知道是在地球上空极速下落还是在外太空某个空旷的地方飘浮着。引力，消失了！

爱因斯坦这个思想实验和 300 年前伽利略的"船舱实验"异曲同工，观察者在密闭空间里与参照系保持同样的运动条件下，无法判断自己是运动还是静止状态，区别在于前者的参照系是匀加速直线运动，后者的参照系是匀速直线运动。今天的我们比 1907 年的爱因斯坦更幸运，能直观地看到他想象过的场景：在航天飞机进入轨道后，机舱里就会出现"失重"的状态，宇航员、水、食物、牙膏都将飘浮起来。重力去哪了？爱因斯坦在自己的"实验室"里，问着同样的问题：

怎么才能感受到重力呢？如果让我和密闭舱都反向运动，就像电梯上升一样呢？如果二者都保持匀速直线运动的话，就会像在伽利略的船舱一样，我仍然感受不到重力。如果电梯在匀加速运动呢？我将落到轿厢地板上。天哪，重力回来了！

爱因斯坦睁开了眼睛，环顾四周：自己仍稳稳地站在专利局的楼板上。他眼睛一亮：在密闭空间里的观察者，无法确定自己是静止在引力场中还是在做匀加速运动。这就意味着，引力场和加速运动是等效的。等效原理——引领爱因斯坦从狭义相对论走向广义相对论的桥梁，他称其为"最幸福的思想"。

1907 年年底，爱因斯坦在《物理学年鉴》发表的论文中提出了等效原理。两年前的他以光速不变和相对性原理为基本条件得到了相对论：所有物理学定律在所有惯性参照系中形式相同。此时的他以等效原理为基本假设将此前的相对论推而广之：所有物理学定律在所有参照系中形式相同。因为前者比起后者有其适用范畴的局限性，所以学界将两个理论分别定名为狭义相对论和广义相对论。广义相对论的形成过程也和狭义相对论一样，仍旧从先导的基

等效原理示意图

本假设逐步拓展，通过推理演绎提出更多的推论，也同样列出了物理现象的预言以供科学家们去验证。在众多的推论中，著名的有三个：水星进动、引力红移和光线弯曲，其中后者最为世人称道。

和狭义相对论的推论——$E=mc^2$同样，光线弯曲也是一个匪夷所思的推论，其对广义相对论描述的宇宙观有着指导意义，而其验证过程极具戏剧性，给爱因斯坦本人带来的变化也是始料未及的。说起光线弯曲的推论由来，我们必须跟随爱因斯坦回到他的"思想实验室"里。

爱因斯坦此时的目标是把适用于惯性系的狭义相对论推广至非惯性系中，那么惯性系和非惯性系中的运动情况有何差别呢？爱因斯坦在他的"实验室"里设计了三个典型参照系：

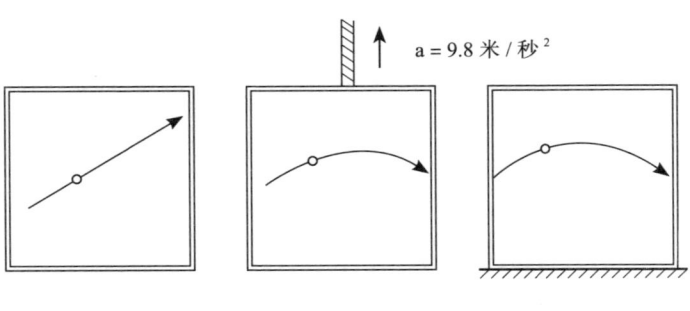

惯性实验室　　　　加速实验室　　　　引力实验室

1. 没有引力场的惯性参照系；
2. 没有引力场的加速运动参照系；
3. 静态引力场参照系。

首先他设想一种常见的运动：一个人向斜上方抛出一个小球。在参照系1中，小球将保持匀速直线运动；在参照系2中，由于密闭舱向上做加速运动，所以小球的运动轨迹将呈现向下弯曲的抛物线；在参照系3中，根据我们熟悉的地球引力场的状况，小球的运动轨迹也将呈现下弯的抛物线。

运动的起始条件相同，在不同的参照系呈现不同的运动轨迹，而且要用不同的物理学定律去描述，爱因斯坦不满意这种结果。如何能把这三种典型运动轨迹用一种统一的方式去描述呢？参照系1和参照系2中都没有引力在场，物体运动轨迹却不同；参照系2和参照系3中，物体运动轨迹相同，区别在于引力是否在场。似乎在这复杂的条件中，引力是一个重要因素。引力到底是什么？

爱因斯坦面对引力难题时，不禁想到一个老朋友——以太。以太因无法通过实验验证其实在性被他断然抛弃，那么引力也一样不能被观察到，是不是也可以将其抛弃呢？去掉引力后，他的"实验室"里突然变得空荡荡的，只剩下三条运动的轨迹。此刻，从儿时就擅长的几何思维模式给予他想象力和灵感。他大胆地假设：物体运动轨迹不是引力使然，而是遵循其所处的空间形状。参照系2中有外力拉动，暂不考虑；参照系1中，空间是平直均匀的，物体运行轨迹也是直线；参照系3（如地球表面）中，空间呈弯曲状态，所以物体运动轨迹也是弯曲的。我们可以用一个形象的比喻来描述上述的情形：空间如同两片面包，运动轨迹好比夹在面包片之间的一片火腿。面包片是平直的状态，火腿片也是平直的；面包片被捏弯了，火腿片也随之弯曲了。如此说来，引力不存在，空间能弯曲，爱因斯坦把物理现象几何化了！

又是一次科学史上的石破天惊之举：爱因斯坦在广义相对论里把看不见、摸不着的引力抹除了。尽管时至今日我们还在很多场合使用"万有引力"这个概念，而且爱因斯坦的理论中也保留了"引力场"的说法，但这都只是为了使用和表述方便。在爱因斯坦的理论中，"引力"作为一种真实的力是不存在的。

那么，是什么原因导致空间的弯曲呢？爱因斯坦的答案是质量。狭义相对论已经昭示，时间和空间不是单独存在，而是以时空相关联的形式呈现，而质量则是能量的聚集。在广义相对论中，爱因斯坦认为物体的质量改变了它周围的时空形状，使之弯曲，质量越大的物体产生的时空变形曲率越大。而物体在不受外力的影响下，总在所处的时空中按照短程线运动。

短程线也称测地线，即空间中两点间最短（最经济）的路径。平面几何中，两点间最短路径即为两点间的线段；球面几何中，短程线即为两点间最短的弧线。举例说明：在平面地图上，测量上海至洛杉矶的最短距离是一条线段；而在地球仪上测量两地的最短距离，即实际生活中的飞行或航海距离，将是依照地球曲率的一段弧线。

广义相对论绝妙地描述了质量与运动的关系：一方面，物质的质量决定了其周围的时空形状；反过来，时空的形状又规定了物体运动的轨迹。这个理论很难被人直观地理解，但却解决了前人不能解释清楚的问题。牛顿的经典物理学理论阐述星体运行和苹果落地的主因是受到引力的作用。爱因斯坦认为，地球围绕太阳公转并不是被太阳吸引，而是在超大质量的太阳形成的弯曲时空中按照短程线运动；苹果脱离树枝的刹那，也不是被地球吸引，而是在地球形成的弯曲时空中按照短程线运动，只不过这个短程线指向地心，直到被地表拦住才停止运动。牛顿万有引力不可理解的瞬时性和超距作用，在爱因斯坦的理论中迎刃而解：物体在所处的时空中按照短程线运动，自然是瞬时发生且与物体间距离无关。

我们可以用一个实验来直观描述广义相对论的时空弯曲情况和天体运动规律：将一颗保龄球置于一张蹦床上。我们将观察到，保龄球的质量使床面凹陷。此时再向床面上抛一枚高尔夫球，它将在保

广义相对论时空弯曲示意图

龄球造成的凹陷曲面上围绕保龄球运动。实验中的保龄球可以类比大质量星体（如太阳），高尔夫球可以类比小质量星体（如地球），凹陷的蹦床表面表现的就是物体周围弯曲变形的时空形状。这个实验模拟了地球围绕太阳公转的情形，地球并不是在二维平面的一个椭圆轨道上周而复始，而是在太阳造成的弯曲时空里，跟随太阳的运动方向，以螺旋线轨迹旋转向前。任何物质经过太阳附近的引力场时，都将依据其时空形状按短程线方向运动，就连光线也不例外。爱因斯坦根据广义相对论得出这样的推论：从遥远恒星发出的光线，经过太阳附近时，会发生弯曲。

广义相对论的宇宙图景刚具雏形，爱因斯坦的研究暂时被搁置。1907～1911年，他一方面辗转伯尔尼、苏黎世和布拉格之间为自己的教授职位做努力，另一方面也把精力放在当时学界更关注的量子理论的研究上。直到1911年6月，在布拉格安顿妥当的爱因斯坦，才向《物理学年鉴》寄出了论文《论引力对光传播的影响》。文中根据广义相对论对太阳引力场的解读和计算，预言了光线经过太阳附近将会发生0.87弧秒（描述角度单位，1度=3600弧秒）的偏折。

光线能拐弯？这个说法与人们的日常经验大相径庭，我们生活中所见的光线从来都是直来直往的啊？普通人听起来简直是天方夜谭，物理学家

们也是一头雾水。况且即便有人愿意相信爱因斯坦的理论,星光经过太阳发生的如此微小的偏折,如何通过观察验证呢?如果在白天观测,耀眼的阳光下根本观测不到附近的星光;而到了夜晚能看到星光,太阳又"下班"了。别担心,爱因斯坦自有妙计,他在论文中提出了绝佳的观测场景——日全食。发生日全食的时候,可以观测到太阳旁边阴影里的星光,再对比日食结束后夜空中同一组星团中每颗星的位置关系,即可通过两者之间的差值是否符合爱因斯坦计算出的 0.87 弧秒来验证他的预言。如果差值吻合,那就意味着爱因斯坦的理论是正确的,也就是说我们在日全食时看到的星光实际上来自太阳背后的星体。美妙绝伦,匪夷所思!

爱因斯坦提出的验证方法固然绝妙,但实际操作起来却不容易。首先,日全食的发生频率极低;其次,适宜观测的位置仅在特定的 100～200 千米区域;最后,日全食整个过程只有几分钟,观测结果还要受当时天气影响。经过天文学家预测,最适合观测的一次日全食将在 3 年后的 1914 年发生。于是,这个验证计划只能暂且被搁置,物理学界也对这个新理论不置可否。但爱因斯坦没有停下来,而是继续推进广义相对论的研究。

爱因斯坦接下来要面对的问题是,完成新理论的数学表达式。这一次,他又遇到了和创立狭义相对论时同样的障碍——数学。由于广义相对论基于对物理现象的几何化,想用数学方法准确表达出

光线经过太阳时发生偏折示意图

来，比狭义相对论还要困难。几年前还是靠闵可夫斯基教授的四维时空模型才得以完善狭义相对论的数学描述，如今面对更加复杂的广义相对论，爱因斯坦又显得束手无策。不得已之下，爱因斯坦又想起了大学时期借他数学笔记本的老同学。

1912 年 7 月，爱因斯坦重回母校苏黎世联邦理工大学就职，更令他欣喜的是，老同学格罗斯曼可以助他一臂之力。此时的格罗斯曼已经升职为数学系主任，在数学上的造诣也更加高深。在格罗斯曼的协助下，爱因斯坦逐渐找到了正确的方法。格罗斯曼认为，想用几何方法表述复杂的引力场，普通的欧几里得平面几何肯定不适用，只能选择黎曼几何方法。

波恩哈德·黎曼，德国伟大数学家，曾就读于哥廷根大学和柏林大学。哥廷根大学在 19 世纪末已经成为欧洲乃至全世界的数学中心，著名的数学家卡尔·高斯就成名于此。黎曼对高斯的非欧几何研究进行了传承和扩展，创立了黎曼几何学。黎曼几何和度规张量是描述各种复杂曲面的有力工具，可以用来测量空间中两点间的距离和角度以及多维空间中的曲率。

找到了适合的工具，爱因斯坦开始从两个方向同时展开探索：物理线，从物理现象直觉出发，将牛顿经典力学和广义相对论的引力场囊括其中，找到统一的数学表达式；数学线，从纯数学角度推演出最终的表达式，再检验其是否能解释不同参照系的物理现象。双管齐下的方案看似稳妥，但爱因斯坦和格罗斯曼共同钻研了几个月，也无法达成物理和数学的匹配。1912 年年底，爱因斯坦决定放弃纯数学方法，转向物理学研究方向。殊不知，此时他已经无限接近广义相对论最终的引力场方程。可爱因斯坦这一次误判了方向，走上了一段弯路。

1913 年 5 月，爱因斯坦和格罗斯曼基于物理方案共同提出了《广义相对论和引力理论纲要》。爱因斯坦自认为大功告成，可没过多久就发现他们得出的引力场方程并不能描述所有参照系的运动。与此同时，他的另一位好友贝索也在来信中提醒,该方程不能解决"水星进动"问题。

水星进动是个困扰物理学界很久的难题。自 19 世纪中叶起,天文学家们就苦于无法解释一个奇怪现象:水星围绕太阳公转的椭圆轨道并不是固定不变的。轨道近日点的位置在以每世纪约 43 弧秒的角度不断旋进。天文学家们一筹莫展,因为用牛顿的万有

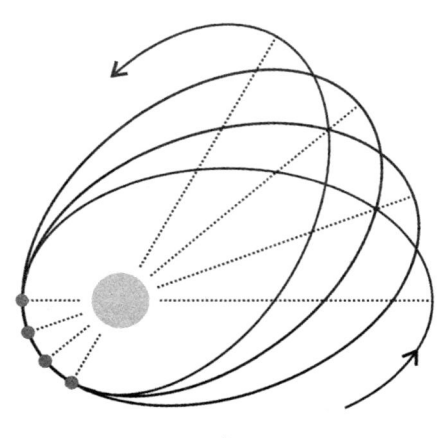

水星公转轨道近日点进动示意图

引力定律无法解释这个现象。1859 年,此前通过牛顿理论计算预测了海王星存在的法国人勒维耶,再次提出水星运行轨道是受到一颗未知行星的影响而出现进动现象,并确定了行星的位置,还自信地命名其为"火神星"。

遗憾的是,这次勒维耶失算了。经过几十年的观测,全世界的天文学家都没能发现所谓的"火神星"。爱因斯坦认为如果用广义相对论的引力场方程可以解释这个微小的差值,就将是新理论的有力证明。但他和贝索一起反复计算后,得出的结果只有 18 弧秒,和观测数据相差甚多。

爱因斯坦无比沮丧,探索之路上布满荆棘,看不清路径。那段时间里,他茶饭无味,只是不停地抽着烟斗,脑子里都是纠结在一起的乱糟糟的方程式和图形。即使是出门旅行时,他也无暇顾及风景。1913 年暑假,在迁居柏林之前,爱因斯坦应好友玛丽·居里夫人之邀,赴瑞士山区旅游。米列娃因为陪伴生病的次子爱德华未能同行,爱因斯坦只得带上长子汉斯与居里夫人及两个女儿一起流连于美丽的阿尔卑斯山脉之中。小孩子们一路上欢声笑语,爱因斯坦却一直和居里夫人探讨着他的新理论。一行人爬至山巅,几个孩子比赛着谁把石子扔得更远。爱因斯坦望着那极速坠向谷底

的小石子出神，突然下意识地抓住居里夫人的胳膊，指着小石子划过的轨迹说道："您知道吗？我想搞清楚的正是当升降机落下时乘客感觉如何。"

转眼到了1914年，陷入困局的爱因斯坦终于等来一个好消息。柏林天文台助理弗洛因德里希对验证爱因斯坦的新理论充满热情，自告奋勇组织一支远征队去观测日全食。此次行动困难重重，适宜观测地远在俄国克里米亚，日全食将在8月21日发生，整个过程仅有2分钟。爱因斯坦尽力在柏林科学院筹款解决了资金问题，弗洛因德里希带队出发。8月初，远征队终于抵达克里米亚。不幸的是，"一战"爆发了，德国向俄国宣战。弗洛因德里希的观测队被俄军当作敌方间谍予以扣留，百口莫辩。与他们巧遇的另一支来自美国的观测队倒是安全无恙，但因为日全食发生当天乌云密布，同样无功而返。

闻讯的爱因斯坦来不及慨叹"天有不测风云"，他更关心友人的人身安全。好在几周后，在德俄两军交换战俘时，弗洛因德里希一行人重获自由，返回柏林。爱因斯坦当时不会知道，这次失败的观测对他和弗洛因德里希都是不幸中的万幸。事后证明，爱因斯坦计算出的偏差值0.87弧秒是错误的，如果弗洛因德里希观测成功，广义相对论就将被证伪。大自然开了个善意的玩笑，挽救了爱因斯坦和广义相对论。否则，刚刚来到柏林科学院的他不知道要面对怎样的压力，科学史也可能被改写。

第一次世界大战爆发阻止了科学观测，也让身处柏林的爱因斯坦的生活骤然改变。由于米列娃和孩子们的离开，他黯然搬出了此前的寓所另寻住处，过起了单身生活。战争初始，柏林的各种生活资源出现短缺的迹象，爱因斯坦本就不善料理家务，吃不好也睡不香，生活过得一团糟，身体越来越差。柏林的亲戚们都担心他的健康，不时地送些生活用品，还邀他来家做客。在母亲家和表姐家，爱因斯坦受到了无微不至的照顾，生活上和精神上都感到莫大的慰藉，得以在战乱和婚变的纷乱压力下继续着广义相对论的研究。在表姐爱尔莎眼中，36 岁的表弟仍像是幼年伙伴们口中的"无聊小神父"，独自坐在客厅沙发上写写画画，全然不受周围乱糟糟环境的干扰。这一年，爱因斯坦如同孤独的斗士，在探索未知之路上艰难跋涉。他的身边不仅没有老友格罗斯曼与贝索的帮助，反而迎来一位强大的对手。

爱因斯坦与居里夫人在瑞士远足，1913 年

1915 年 6 月，应哥廷根大学之邀，爱因斯坦只身南下，开办了为期一周的广义相对论讲座。在世界著名的数学中心讲授物理理论，爱因斯坦自信满满。他的新理论并没有引起什么反响，却勾起了台下一位观众巨大的兴趣。戴维·希尔伯特，当时世界上数一数二的数学家，不仅听懂了广义相对论，而且敏锐地察觉到爱因斯坦给出的引力场方程并不准确。希尔伯特有信心找到真正的答案。

爱因斯坦结束讲座刚返回柏林，希尔伯特的书信就到了。信中，希尔伯特表达了对广义相对论极大的研究热情。随后的日子里，二人频繁通信探讨理论的相关细节。爱因斯坦从信中逐渐读出了异样的味道，虽然话语仍是礼貌有加，但二人的态度已经从起初的惺惺相惜到彼此试探，最后变为剑拔弩张。物理学家表示自己知道对方在他的"汤里发现了一根头发"，数学家回应不久后就给出答案以"助兴"。爱因斯坦在长达 8 年的如马拉松长跑般的艰难求索后，即将最后冲刺的阶段，却听到了竞争者在背后发出的急促喘息声。

也许正是因为希尔伯特的步步紧逼,激发了爱因斯坦的斗志和创造力。在国事家事双重重压下,他开始忘我地疯狂工作。他毅然抛弃了两年前和格罗斯曼共同得出的《广义相对论和引力理论纲要》,转而重拾 1912 年的纯数学方案来应对数学家

戴维·希尔伯特

的挑战。此时他才意识到,物理学不是宇宙剧场的唯一主角,数学也不总是临时演员。在探索自然法则的过程中,数学居然可以身兼编、导、演多重角色,演绎出整部大戏。接下来的几个月,爱因斯坦凭借着强大的天赋、意志、信心和勇气,迎来了这场对决的高潮。在 11 月的四个周四,他如一名角斗士一样站上了赛场,随时准备迎接台下的对手冲上来奋力一击。这是一场数学天才与物理天才的对决,也是数学中心哥廷根大学和物理中心普鲁士科学院的对决,足以载入史册。

1915 年 11 月 4 日星期四,普鲁士科学院全体例会上,爱因斯坦宣布了新的广义相对论引力场方程,但无奈地表示这还不是最终的结果。与会人员并不理解这个结果与此前他研究的理论有何不同,也不知道这位天才最近几个月承受了多少压力。11 月 11 日星期四,爱因斯坦再次在例会上做了报告,结果仍然没能给出最终方程式,台下的老教授们面面相觑、不知所云。11 月 18 日星期四,爱因斯坦激动地在科学院例会上宣布了惊人的结果:新的引力场方程可以完美解决"水星进动"的难题,即计算出的水星近日点偏差为每世纪 43 弧秒!这一结果终于惊醒了台下的观众们:使用了 200 多年的牛顿万有引力定律难道失效了?柏林的物理学界为之震动,

爱因斯坦按捺住兴奋之情专注研究。即便他感觉到离终点仅有一步之遥，也不敢丝毫放松。因为就在当天早晨，他收到了希尔伯特寄来的论文。不仅论文中的方程式与爱因斯坦的结果惊人相似，而且论文的题目是略带狂妄的《物理学基础》。言下之意，物理学家解决不了的问题，需要数学家的指点。爱因斯坦感受到了进入学术领域后最大的一次危机，因为在科学史上有无数的例证表明，科学发现竞赛中的亚军毫无意义。爱因斯坦竭力摒除希尔伯特的干扰，沉下心来雕琢自己的场方程，修正了最后的一些小问题，迎来了8年长跑后最终撞线的一刻。

1915年11月25日，仍旧是个星期四，在普鲁士科学院全体会上，爱因斯坦公布了最终的广义相对论引力场方程：

$$R_{\mu\nu} - \frac{1}{2}g_{\mu\nu}R = \frac{8\pi G}{c^4}T_{\mu\nu}$$

## 尘埃落定

广义相对论以优美的场方程公式呈现，爱因斯坦在发明权之争中最终获胜。希尔伯特后来承认自己的方程是在12月经过修正后才取得的，并对爱因斯坦表示了歉意、钦佩和祝贺。爱因斯坦大度地接受了对方的诚意，两位旷世奇才握手言和，并成为学术上的伙伴。纷争既止，我们可以安心欣赏这科学史上伟大的方程式。

广义相对论引力场方程简洁、优美地诠释了爱因斯坦的宇宙密码：方程左侧为数学形式，由黎曼张量缩并后的里奇张量、四维时空的度量张量和曲率标量构成，用几何方式描述了物质周围的弯曲时空形状；方程右侧为物理形式，由能量、动量、张量和几个常数构成，描述了弯曲的时空形状如何规定物质的运动状态。对普通人而言，引力场方程是一个带有多个变量的复杂二阶偏微分方程；在科学家看来，就像一位哲人只用一句话就描述了宇宙自然的图景和运行法则。

爱因斯坦的广义相对论揭示的宇宙图景与牛顿的描述完全不同。在牛顿绝对时空观下的宇宙图景中，万物都彼此吸引，并像机械钟表一样稳定运行，所有物质被置于绝对的空间中，犹如"筐子装东西"，拿掉所有的物质后空间仍然存在；爱因斯坦的相对论认为是物质缔造了时空的形状，万物依循各自所处的时空形状运行，如果拿走物质，其时空也将不复存在。狭义相对论否定了牛顿的绝对时间、绝对空间，将时间和空间统一在一起，又解释了质量与能量的关系；广义相对论再把质量和时空结合，描摹了物质与运动通过弯曲的时空形状互相影响的复杂关系。一位爱因斯坦传记作者这样形容牛顿与爱因斯坦理论的区别：牛顿的宇宙观视角如同在高楼上俯视地面上的孩童在玩玻璃球游戏，他看到的是小球被莫名的力彼此吸引滚来滚去；而爱因斯坦下楼走到切近发现，玻璃球的运动并非受到引力的作用，只是依循起伏的地势。牛顿固然是伟大的，彰显着人类智慧的光辉，但事实上他的理论只是在低速和宏观角度下的近似解，而爱因斯坦是更接近宇宙本质的人。用爱因斯坦自己的话来说更加形象，当几年后声名鹊起的他被次子爱德华问及为何如此有名时，他睿智、风趣地答道："一只盲眼甲虫爬过树枝，它不会注意到爬过的路径是弯曲的。我有幸注意到那只甲虫没注意到的事情。"

时间、空间、质量、能量、力、运动，这些不同的概念被爱因斯坦统一到一个方程式里，展现出浩瀚宇宙的运行密码。统一、和谐、简洁、优美，是他的科学信仰和毕生追求，也成就了他的丰功伟业。纵观科学史上的做出划时代发现的科学家，从哥白尼到开普勒，从伽利略到牛顿，从法拉第到麦克斯韦，都是前者凭直觉洞察到自然中的某种关系而提出问题，由后者给出答案、确定其形式并完成其定量应用方法。而爱因斯坦从狭义相对论到广义相对论，则是以自问自答的方式，几乎凭借一己之力促成了一次科学革命和认知升级。著名的物理学家马克斯·玻恩评价广义相对论为"人类思考自然最伟大的成就，哲学洞察、物理直觉、数学技巧最令人惊叹的结合"。

广义相对论横空出世，但在战时的欧洲并没有马上引起广大关注。爱因斯坦完成了相对论艰难的上下半场比赛后，仍没有就此止步。除了已经成功解释的水星进动难题，他也对还未得到验证的光线弯曲现象给出了新的理论偏差值1.74弧秒，还根据广义相对论引出了诸如"引力红移""时间膨胀""长度收缩""引力波""参考系拖拽"等推论，并被后世科学家们逐一验证。1916年12月，爱因斯坦出版了《狭义与广义相对论浅说》，这部针对普通读者的通俗科普读本迄今为止一直是他最畅销的著作。

广义相对论的研究尘埃落定，战火中的欧洲仍旧硝烟弥漫。1917年的柏林城，已失去了战争初始那种狂傲的戾气，反而显得死气沉沉。柏林市民不再狂喊征服全欧洲的口号，而是要面对可怕的通货膨胀和物资短缺。马铃薯、鸡蛋、面包、黄油的供应严重不足，只得都改为配给制。爱因斯坦独自居住本就不会做家务，再加上专注研究而废寝忘食，还要投入超出常人的精力以及承受巨大的精神压力，于是他不出意外地病倒了。胃病、肝病、胆结石接踵而至，爱因斯坦痛得下不了床，仅仅两个月就瘦了20多公斤。他一度怀疑自己患上癌症，却丝毫没有惊慌，还对好友弗洛因德里希洒脱地表示，相对论已经完成所以根本不惧死亡。好在经医生诊断，他的症状只是由于常年生活不规律和营养不均衡造成的常见病，仅需调整饮食、卧床休养即可。母亲波琳身体也不好，妹妹玛娅此时又不在柏林，表姐爱尔莎自告奋勇担起了照顾爱因斯坦的任务，也开始走进他的生活。

在爱尔莎眼中，这位表弟在科学领域是绝顶天才，在生活中却是个年近四十的大孩子。爱尔莎特意在自家住宅同一幢楼里租了一间公寓来安置爱因斯坦，以便照顾他的日常起居和一日三餐。爱尔莎在柏林既有钱也有人脉，能搞到鸡蛋、黄油等紧俏物资，甚至买来了难得的雪茄，把爱因斯坦当个孩子来溺爱。在她的悉心照料下，爱因斯坦身体逐渐好转起来。没想到，苏黎世方面又传来不好的消息。米列娃心脏病复发，仅仅 7 岁的次子爱德华也罹患精神病。爱因斯坦不得不冒着战乱的风险，拖着还没复原的身体，赶赴苏黎世安排爱德华到一家疗养院休养。爱因斯坦和米列娃都被离婚风波折磨得精疲力竭。爱因斯坦曾苦笑着调侃，不知道哪场战争将持续更久，是世界大战还是自己的离婚拉锯战。

1918 年，爱因斯坦为了尽快了断，对米列娃抛出了更优厚的离婚条件：每年支付 9000 马克，外加未来获得的诺贝尔奖奖金。这个附加条件如果出自普通人之口简直是白日做梦，即便于一般科学家而言也显得狂妄自大，可对于爱因斯坦，诺贝尔奖确实如探囊取物一般唾手可得。认识爱因斯坦的人都相信，他获奖只是时间问题。当年的诺贝尔奖奖金高达约 12 万瑞典克朗，足够普通家庭二三十年的开销。

米列娃此时心情正跌入谷底，不得不认真考虑结束旷日持久的离婚风波。她饱受心脏病、风湿病和焦虑症、抑郁症的折磨，长子汉斯正在上学，次子爱德华还在疗养院度日，自己的妹妹赶来照顾孩子却也突发精神病被送进医院，哥哥作为奥地利军医在战场上被俄军俘虏。濒临崩溃的米列娃最终同意了爱因斯坦开出的条件，准备离婚。

1919 年 2 月 14 日，在这个西方情人节当天，爱因斯坦和米列娃在地方法院履行了离婚程序。相濡以沫 16 年，最终劳燕分飞。不知道二人签字之时，是否能回忆起苏黎世联邦理工学院里的初见，教室里一起探讨物理学时的专注，伯尔尼小城新婚之夜吵醒房东时的尴尬，理论初步完成时的喜悦，以及和两个孩子一起享受的天伦之乐。平心而论，即便爱因斯坦在物质方面从不吝啬，慷慨地给米列娃母子三人提供了生活保障，但他不是一个称职的丈夫和父亲，他的私生活也并非完美无瑕。但这就是真实的爱因斯坦，他的心里装不下亲人，却装着整个宇宙和芸芸众生。

爱因斯坦和米列娃的离婚大战终于在双方精疲力竭之时黯然了结，与此同时，欧洲列强历经4年的鏖战也草草收场。

1918年11月3日，德国基尔港的数万水兵拒绝出海白白送死，举行了武装起义。国内随后引发了更大规模的全国工人大罢工，意图推翻独裁的军国主义政府，史称"德国十一月革命"。11月9日，德国皇帝威廉二世被迫宣布退位。11月11日，德、奥两国投降，第一次世界大战宣告结束。这次史无前例的浩劫历时4年，波及30多个国家，15亿人卷入战争，约3000万人伤亡，造成经济损失的范围之大、程度之深超乎想象。而比经济损失更难以计算的是全世界人民的心理创伤。城镇灰飞烟灭，士兵身首异处，百姓流离失所、家破人亡，人类为自己的贪婪、残暴付出了惨重的代价。作为战败国，德国面临着割让土地、巨额赔款、限制军备、经济崩溃的惨淡局面。罪魁祸首威廉二世逃亡荷兰，留下如同做了一场噩梦的德国民众。

一心称霸欧洲的军政要员们树倒猢狲散，德国人民在困苦和绝望中艰难度日，那些热衷为军国主义奉献的科学家们也吞咽着战争的苦果。普朗克的长子和能斯特的两个儿子都战死沙场，普朗克的两个女儿也在战争期间病逝，两位老教授饱受生离死别之苦。爱因斯坦的另一个朋友哈伯，已经成为狂热的军国主义分子。1915年5月2日，也就是哈伯亲临比利时战场上施放毒气的几天后，军方在他的宅邸举办了盛大的庆功宴。当晚，哈伯的妻子克拉克出于科学家操守和人道主义考虑，反复规劝丈夫就此收手，却遭到严词拒绝。次日凌晨，克拉克取出哈伯的配枪，默默走到花园里，绝望地饮弹自尽。当日，哈伯居然不顾妻子惨死，仍然奔赴前线指挥毒气战。

上述三位无疑都是伟大的科学家，在学术上和爱因斯坦亦师亦友，在生活中也屡屡施以援手，可在政治信仰和人文观念上，爱因斯坦与他们分道扬镳。大战前，爱因斯坦孤立无援仍旧竭力呼吁反战；战争期间，他发表演讲，号召成立反战联盟；临近战争尾声时，他在"十一月革命"期间曾救出被激愤的学生扣押的柏林大学校长等人；战争结束后，他则马上为德国走向新的民主政府而奔走呼号。与他的思想和行动相契合的科学家，首推玛丽·居里夫人。她在战时不顾自己安危，开着装有X射线机的卡车奔走于战地医院，用自己发明的新技术为数不清的伤病员的救治赢得了时间。在她的激励下，长女伊雷娜也加入母亲的行动。战争期间，母女二人除了自己身体力行，还为法国培训了众多熟练操作X射线机的战地卫生员。

科学技术本没有立场，在不同的人手里，却演变成杀人与救人的截然不同的武器。同样是科学家，有人把助纣为虐视为爱国行为，有人被军国主义洗脑而变为施放毒气的魔鬼，有人为了全世界和平秩序呐喊，有人发扬人道主义精神化身救死扶伤的天使。身处和平时代的我们，如果置身于炮火纷飞、朝不保夕的战争年代，会做出怎样的抉择？爱因斯坦和居里夫人的行动，无疑给出了答案。科学使人类发展，人性让人类存续。无论何时，人性应永远凌驾于科学技术之上。

"一战"的硝烟散去，德国上上下下都被悲观情绪笼罩着，政客们谋划着怎样收拾残局，军人们仍在幻想着东山再起，科学家们都偃旗息鼓，无暇顾及爱因斯坦的新理论。但在欧洲大陆之外的英国，却有人一直在关注着广义相对论。

1916年，英国皇家天文学会秘书亚瑟·爱丁顿收到了好朋友荷兰科学家威廉·德·西特寄来的广义相对论的副本。爱丁顿读完后马上为之折服，并在英国学术界撰写文章宣讲广义相对论。当时的英国科学界正在同仇敌忾地为国效力，对于来自敌国科学家的理论嗤之以鼻。可作为和平反战主义者的爱丁顿一贯秉持科学无国界的理念,而且深信广义相对论的正确与伟大。他决定根据爱因斯坦提供的观测日全食的方法和最新计算的偏差值 1.74 弧秒,亲自验证这个理论。天文学家们预测最近的两次日全食将在 1918 年 6 月 8 日和 1919 年 5 月 29 日发生,前者的最佳观测地点在美国,后者的最佳观测地点在南半球有限的两个地区:非洲西部几内亚湾的普林西比岛和巴西北部亚马孙丛林中的索布拉尔。

亚瑟·爱丁顿

因为战争期间的交通封锁,爱丁顿错过了 1918 年的观测机会,所以第二次机会绝不容错过。1918 年年底,战争刚一结束,爱丁顿就向英国政府和皇家学会提请海外观测日全食的计划。英国军方在"一战"中吃尽德国潜艇的苦头,于是以海域不安全为由否决了这个计划。爱丁顿并不甘心,反复游说格林威治天文台台长弗兰克·戴森爵士,最后由戴森出面说服了英国海军部,批准了这次远征计划。英国皇家学会组织了两支远征队,一队由天文学家克罗梅林率领奔赴巴西,爱丁顿亲率另一队前往西非。为了保险起见,爱丁顿的科考远征队提前一个月到达普林西比岛。他们反复演练和检查装备,等待着激动人心的那一天。

5 月 29 日一早,大雨如注。爱丁顿站在普林西比岛北端的一座百米高断崖上捶胸顿足,这该死的鬼天气将使他几年的努力化为乌有。万幸的是,午后时分大雨骤停,天空开始放晴。爱丁顿大喜过望,马上指挥助手们各就各位。每个人都万分紧张,因为天文学家预测日全食过程只会持续 5 分钟。15 时 13 分,日全食如约而至,爱丁顿屏住了呼吸,只能听到用来计时的节拍器和自己心跳的声音。正在此时,他猛抬头,发现一大片浓厚的乌云缓缓飘来……

没人理解我，
却人人都喜欢我，
这是为什么？
——
爱因斯坦

# 第八章　1919　明星科学家

## 1919年11月6日

伦敦

  皮卡迪利大街柏林顿会馆里座无虚席,著名学者、社会名流、媒体人士尽皆到场。人们都在交头接耳、议论纷纷,等待着见证伟大的时刻。戴森爵士缓缓起身,整了整礼服,慢步走向主席台。台下顿时安静下来,整个会场一下变得肃穆而神圣。戴森走上主席台后停了下来,意味深长地举目望了一眼高悬在头上的巨幅牛顿画像,随即转过身来,又看了一眼台下的爱丁顿。"通过对底片的仔细研究,我郑重宣布它们证实了爱因斯坦的预言!"戴森一句话重如千钧。现场鸦雀无声,似乎在场人士都在心里掂量着这句话的意义。几秒后,会场爆发出雷鸣般的掌声。爱丁顿也抬头望着牛顿的画像,心情无比复杂。耳边的掌声听起来就像那场突如其来的大雨的声响,把他的思绪带回半年前的普林西比岛……

## 世人皆知

1919年5月29日午后，大雨骤停，乌云又至。在每次验证爱因斯坦理论的观测行动中，似乎都伴随着"天有不测风云"。这次日全食是千载难逢的好机会，太阳的位置正好在金牛座毕宿星团的中央，周围的几颗恒星极为适宜来测量位置差值。节拍器响起，日全食如约而至。月亮的阴影慢慢侵蚀着日光，天空逐渐黯淡。几分钟后，太阳完全被遮挡，变成黑色的圆形，外圈是白亮的日冕光环，日珥如跳动的白色火苗，整个世界笼罩在静谧、绝美、神圣的气氛中。爱丁顿无暇去关注这奇景，他一边屏住呼吸，紧盯着天体照相仪不断更换底片，一边让助手稳稳扶住物镜以免晃动。昏暗、沉静的断崖上，只有节拍器的嗒嗒声和更换底片的咔嚓声。短暂的302秒过去了，节拍器停下时爱丁顿还没有反应过来。此时，他才重新抬头望向天空。那片乌云已不知去向，月亮与太阳缓缓擦肩而过，如同拉开了世界的窗帘，光明逐渐重现。

爱丁顿小心翼翼地收拾好拍得的16张底片赶回驻地，即刻向伦敦方面发回电报："穿过云层、有希望。爱丁顿。"随后的三天里，为了尽快得到结果，也防止回国途中出现任何意外，他和助手马上开始对底片进行记录和测算。尽管天有不测风云，但不幸中的万幸是，乌云在最后一刻散去，底片中的最后几张足够清晰。

11月6日，英国皇家学会和天文学会的成员们齐聚柏林顿会馆，听取日食观测远征队的报告。戴森爵士首先发言，简述了远征队的观测和计算经过，并给出了简短有力的结论：爱因斯坦的预言被证实！接着，两位领队爱丁顿和克罗梅林分别公布了观测结果：光线偏差值分别为 1.61±0.30 弧秒和 1.98±0.30 弧秒。结果很明显，均值非常接近爱因斯坦预言的1.74

弧秒。最后，皇家学会会长J.J.汤姆逊一锤定音，评价爱因斯坦的理论是"继牛顿发现万有引力之后的最伟大发现"，并断言这一发现"并不是科学之海上的一座孤岛，而是新科学思想的一整片大洲"，堪称"人类思想史上最伟大的成就之一"。

日全食照片，1919年5月29日

11月7日，伦敦的报纸大肆渲染了这一劲爆新闻。11月9日，大洋彼岸的美国媒体《纽约时报》连篇累牍地报道了伦敦的会议和爱因斯坦的惊世之论。科学史上从没有一项理论能如此赢得全世界人民的关注，也从没有一位科学家的名字如此广为人知。

相对论无疑是人类认识宇宙自然过程中的伟大节点。古人基于观察自然现象得出了"天圆地方""恒星天球""地心说"等朴素认知，对于自然法则的解释只能寄托于宗教或神话。文艺复兴运动以后，理性数理科学崛起。"日心说"的提出者哥白尼，"天空的哥伦布"伽利略，"天空的立法者"开普勒，"天空的诠释者"牛顿，前赴后继地试图揭开宇宙的终极奥秘。自然法则逐渐取代宗教和神话对宇宙的解释权。19世纪初，法国数学家、物理学家拉普拉斯把自己的著作《天体力学》呈献给法国皇帝拿破仑，曾被责问："在你这部关于宇宙的伟大著作中，为什么从不提及它的创造者（上帝）呢？"拉普拉斯迎着皇帝凌厉的目光，不卑不亢地回道："陛下，我不需要那个假设。"及至20世纪初，爱因斯坦用相对论再次提升了人类对宇宙的认知层级，重新定义了时空的形状，机械论的宇宙观从此作古。相较于几位先贤，他完全可以被称为"天空的重塑者"。

一夜之间，世人皆知。爱因斯坦的相对论成为街谈巷议、茶余饭后的热门话题，并不断被曲解和滥用。相对论本是对牛顿经典理论的扩展而非彻底颠覆，其主旨是更具普适意义的不变性理论，可民众却理解为"推翻牛顿理论"和"万事万物都是相对的"，还将相对论引申到政治、宗教、艺术等不相干的领域。以至于爱因斯坦一度感叹，"没人理解我，却人人都喜欢我"。公众惊叹于"光线能弯曲"这种与日常经验大相径庭的现象，也为爱因斯坦的形象着迷。在人们的固有印象里，伟大科学家的形象都是正襟危坐、高高在上、遥不可及的。可爱因斯坦展现于世人面前的形象却是和蔼可亲、笑容可掬、眼神清澈、风流倜傥、不拘小节、卓尔不群、风趣幽默、妙语连珠，尤其是那标志性的、如艺术家一般的"爆炸头"，更是让人过目不忘。这样的奇人，点燃了公众巨大的好奇心。

身处柏林的爱因斯坦本人没能见证 11 月伦敦大会的盛况。早在 9 月，他就收到前辈洛伦兹的贺电，得知远征队的观测结果。随后他寄给在疗养院养病的母亲波琳一张明信片，告知了喜讯。向来不热衷名利的爱因斯坦还没有预料到此后的舆论狂潮，只是买了一把新的小提琴以示庆祝，和新婚妻子爱尔莎分享成功的快乐。

与米列娃离婚后几个月，爱因斯坦便与表姐爱尔莎结婚。与第一段婚姻不同，两人没有共同的科学理想和追求，爱尔莎对科学一窍不通，她曾对媒体大方地表示理解相对论对自己的幸福不是必需的。此外，这段婚姻里炽热的爱情似乎也不是必需品。人到中年的爱因斯坦和爱尔莎都褪去了青涩，他们的结合更依赖于相濡以沫的亲情和互相扶持的陪伴。婚后，爱因斯坦搬进了柏林哈伯兰大街 5 号爱尔莎的寓所。在以后的十几年婚姻生活中，爱尔莎成功地扮演了妻子、姐姐、管家、保姆、翻译、会计、经纪人等多重角色。开始新生活的爱因斯坦把病重的母亲接回柏林，安置在自己的书房里以便随时照顾。遗憾的是，刚到 1920 年 2 月，波琳在家中病逝。自从父亲赫尔曼早早离世，母亲就辗转于德国、意大利的亲戚家，如今团聚不久便撒手人寰。世界上最亲的那个人去了，爱因斯坦伤心欲绝。

面对突如其来的名望，爱因斯坦看得很透彻。11 月 28 日的《泰晤士报》上刊登了爱因斯坦的文章，在真诚感谢了英国同行的远征壮举后，他不乏幽默地用相对论比拟了公众的态度："如今德国人称我为德国科学家，英国人称我为瑞士犹太人。而有朝一日我遭厌弃，以上表述就会反过来，德国人将称我为瑞士犹太人，英国人将称我为德国科学家。"可悲的是，这句调侃用不了多久就应验了。

德国的反犹主义者视爱因斯坦为眼中钉，以莱纳德为首的科学家开始组织集会反对相对论，并在大学里禁止讲授该理论；相反，犹太人组织把他当成了新的"救世主"。1921 年年初，犹太复国主义组织的领袖哈依姆·魏茨曼拜访了爱因斯坦，邀请其一同赴美国为计划在耶路撒冷创建的一所希伯来大学募集善款。爱因斯坦欣然应约。

1921 年 4 月 2 日，爱因斯坦偕夫人爱尔莎抵达纽约。他们刚一出现在甲板上，就被几十名记者、摄影师团团围住。所有人都好奇地打量着眼前这位"艺术家"：身穿褪色的灰色外套，黑毡帽盖不住蓬乱、花白的头发，一只手攥着发亮的烟斗，另一只手拎着旧琴匣。"爱因斯坦先生，您能用

爱因斯坦和爱尔莎在柏林

一句话描述相对论吗？""全世界真的只有 12 个人理解相对论吗？""爱因斯坦夫人，您能弄懂相对论吗？"类似这些让爱因斯坦夫妇哭笑不得的问题铺天盖地而来。爱因斯坦保持着礼貌和幽默，一一回答了亢奋的记者们。由于媒体的围追堵截，一行人子夜时分方才疲惫地住进酒店。

在下榻酒店里，爱因斯坦很欣慰地见到了闻讯来访的老朋友塔尔梅，也就是幼年时在慕尼黑做过他启蒙老师的犹太大学生塔尔穆德。时隔 30 年在异乡重逢，两人都热情地拥抱着对方，激动地回忆起年轻时的往事。爱因斯坦感慨着塔尔梅还是那么年轻，塔尔梅更是赞叹当年那个研读欧几里得几何小册子的少年，已成长为世界闻名的大科学家。

巡回演讲中，爱因斯坦尽力协助魏茨曼完成了筹集善款的任务。他的个人魅力使得美国犹太人为筹建希伯来大学慷慨解囊。为期两个月的美国之行紧张而成功，5 月 30 日爱因斯坦夫妇乘船返航。在游历过的众多城市中，给爱因斯坦留下最深刻印象的不是热闹的大都会，而是普林斯顿。那里宁静、友善而又充满活力，爱因斯坦形容这座小镇为"一支没有抽过的烟斗"。

返程途中，爱因斯坦夫妇访问了伦敦。他会晤了验证相对论的爱丁顿，在国王学院做了专题演讲，还前往威斯敏斯特大教堂，在牛顿墓前庄重地献上了鲜花。尽管当时英德两国关系越发紧张，科学界的同人及民众还是对爱因斯坦充满了敬意。

回到柏林后，爱因斯坦发觉德国国内的经济和政治情况都更加糟糕。通货膨胀如猛兽一样逐渐失控，战争刚结束时一条面包值 1 马克，现在要卖到 700 马克。民众的生活朝不保夕，反犹主义和对邻国的敌对情绪随之高涨。希特勒的纳粹党利用国内外矛盾屡屡煽动民意，蠢蠢欲动。

爱因斯坦在美国之行中看到了自己的影响力，意图在欧洲乱局之中谋求各国科学界人士的联合协作以及调和国家间的关系。1922 年 3 月，他不顾家人的劝阻，应老朋友朗之万的邀请访问关系紧张的法国。回国前一天，爱因斯坦提议参观旧日战场。在朗之万和昔日"奥林匹亚科学院"成员索洛文陪同下,爱因斯坦来到法国东北部的兰斯。一行人踏上农田附近的高地举目远眺:一望无际的麦田中散布着没有被填平的废弃战壕,似乎几年前的硝烟

爱因斯坦夫妇在赴美的邮轮上,1921

和血腥已经被大地吸纳,但麦田边上军人墓园里法国人的白色十字架和德国人的黑色十字架密密层层、触目惊心,无言地诉说着那场战争的惨绝人寰。爱因斯坦为眼前的景象动容,感慨道:"应该把所有德国大学生,甚至全世界的学生们都叫到这里来,让他们看看战争是如何残酷无情!"

致力于调和国家间矛盾的爱因斯坦回国后却遭到了民族主义势力的攻击,因其访问英法两国的行为被舆论骂为"投敌分子"。柏林城又开始笼罩着"一战"前那种剑拔弩张的气氛。1922年6月24日,德国新任外交部长瓦尔特·拉特瑙在上班途中,被两名极端民族主义青年军官用冲锋枪和手榴弹残忍刺杀。此后,反犹主义气焰更加嚣张。柏林城里都流传着民族主义者手里有一份刺杀名单,爱因斯坦在其中名列榜首。爱因斯坦本人并不惧怕,可他的家人和朋友都劝说他暂时离开柏林避一避风头。爱尔莎尤为担心丈夫的生命安全,执意要爱因斯坦尽快出国。恰好此时一家日本出版社发出讲学邀请,而且提出了丰厚的报酬。1922年10月7日,爱因斯坦夫妇登上一艘日本邮轮,从法国马赛港启程。

11月9日,邮轮到达中国香港,几天后造访上海。爱因斯坦在短暂逗

留期间，耳闻目睹了旧中国民众的困苦生活，向来同情所有弱势群体的他不禁心怀恻隐，就连坐人力车时都颇感于心不忍。这片古老的土地给他留下深刻的印象，爱因斯坦虽然没有正式访华，但在未来的日子里，将数次为中国人发声。1931年，"九一八"事变爆发，爱因斯坦公开谴责日本的侵略行径，呼吁国际社会对日本进行制裁。1932年，陈独秀在上海被捕，他与几位具有国际声望的知识分子联名致电民国政府，要求释放陈独秀。1936年11月，主张抗日的"七君子"沈钧儒、邹韬奋、李公朴、章乃器、王选时、史良和沙千里，在上海被国民党以"危害民国罪"逮捕，他又联合国际知识分子通电蒋介石呼吁放人。最终在国内外舆论压力下，"七君子"被民国政府释放。"七七事变"后，1938年6月，他发起援助中国委员会，在美国2000多个城镇开展援华抗日募捐活动。在爱因斯坦心里，全世界受压迫的人民在需要帮助的时候，他都会责无旁贷地施以援手。

抵达日本后，爱因斯坦被那家出版社安排了日程紧密的记者会、演说和宴会，一个多月后疲惫不堪地结束访问。离开日本前几天，爱因斯坦得到了自己获得诺贝尔奖的消息。其实自1910年起，爱因斯坦的名字几乎每年都要出现在诺贝尔奖候选人名单上，但每次都因学界的争议而遗憾落选。1919年，爱丁顿等人对广义相对论的验证使得爱因斯坦的声望如日中天。1922年，提名爱因斯坦的名单越来越长。法国物理学家路易·布里渊在推荐信中的一句话可能表达了当时众多知名科学家的心声："想象一下，如果爱因斯坦的名字没有出现在诺贝尔奖获奖名单上，50年后的公众舆论会怎样？"评奖委员会左右为难，只得采用了一个皆大欢喜的微妙方式：将1921年度物理学奖授予爱因斯坦，授奖理由却不是相对论。在诺贝尔奖的官方通知里，理由为"表彰他对理论物理学的贡献，特别是他发现了光电效应定律"，随后还特意说明"没有考虑相对论和引力场论的价值"。

其实，名声对爱因斯坦来说还不如那份巨额奖金更加实在。鉴于德国国内的经济状况，他的薪酬日渐缩水，这笔奖金足以解决他的后顾之忧。领取奖金后，爱因斯坦践行了此前的承诺，将全部奖金约 12 万瑞典克朗以投资房产和银行理财的方式交予米列娃，以保母子三人在乱世中温饱无虞。有关诺贝尔奖的另一个小插曲发生在 12 月 10 日。因为爱因斯坦不在欧洲，所以评奖委员会需要得奖者所在国的代表领取奖项。驻瑞典的德国大使和瑞士大使争得不可开交，最终强硬的德国大使如愿以偿获得这项荣誉使命。爱因斯坦获悉后讽刺地说，德国人把他当作一朵"发臭的花"，还屡屡别在西装扣眼儿上。

从日本返程途中，爱因斯坦偕夫人访问了每个犹太人都魂牵梦萦的耶路撒冷古城。他们游览圣殿山的当天阴云密布，著名的"哭墙"下，各地赶来的犹太信徒虔诚地祈祷。在那阴郁、悲凉的气氛中，爱因斯坦远远观望着同胞们身体前后摇晃着哭诉、祷告。他并不觉得神圣，反而认为这些信徒有些可悲，在他们的祷告声中似乎只有追思过去，没有憧憬未来。爱因斯坦在欧洲耳闻目睹同胞们的遭遇后坚信，拯救犹太人的不是宗教教义和虔诚祈祷，而是全民族的自尊、自爱和自强。

黯然告别耶路撒冷，爱因斯坦夫妇于 1923 年 3 月返回柏林。阔别半年，德国国内的政治环境没有丝毫变化，经济状况愈加糟糕。爱因斯坦离开前，一块面包值 700 马克，此时已经飞涨到 1000 万马克。1923 年 11 月 8 日，希特勒发动"啤酒馆暴动"，意图煽动民意推翻共和国、谋取大权。次日，行动失败，希特勒被警方投入监狱。在服刑的 9 个月中，他写下了《我的奋斗》一书，成为日后法西斯主义者的行动纲领和宣言。德国民众在经济崩溃中彷徨无助，再一次把军国主义和民族主义当成了救命稻草。

1925 年 3 月，爱因斯坦再次离开欧洲，独自远赴南美洲访问巴西、阿根廷、乌拉圭等国做学术交流。6 月，当他返回柏林时，希特勒已经出狱，重建纳粹党并牢牢控制大权，疯狂打压犹太人。德国在不知不觉中缓缓滑入法西斯的深渊,风暴即将到来。与此同时,欧洲的科学界也在酝酿一场剧烈革命。

## 世纪之战

这场物理学革命的起源要追溯到世纪之交的"两朵乌云"之一。

1900年,普朗克推出自己的公式和常数用来解释黑体辐射现象,结论很巧妙却令他很迷惑,他不认为公式显示的能量子概念是物理实在,而只是一种基于数学推导的权宜之计。1905年,爱因斯坦在普朗克研究的基础上提出了光量子假说,解释了光电效应现象。但这两人在量子研究领域都略显保守。1913年,丹麦物理学家尼尔斯·玻尔提出了自己的原子模型及"量子跃迁"的概念,揭开了量子理论大发展的序幕。普朗克、爱因斯坦、玻尔也被后世科学家尊为量子力学的奠基者。

尼尔斯·玻尔,丹麦犹太人,毕业于哥本哈根大学,后赴英国深造,先后追随J.J.汤姆逊和欧内斯特·卢瑟福两位著名导师。在卢瑟福的影响下,他开始研究原子结构,写出了《论原子构造和分子构造》的长篇论著,提出了电子环绕原子核做轨道运动的原子结构模型。这一新设想引起了欧洲物理学界的注意,包括身在柏林的爱因斯坦。

1920年,玻尔访问柏林,第一次见到了他崇敬的爱因斯坦。刚一见面,爱因斯坦对这位拎着家乡奶酪来访、比自己小6岁的淳朴丹麦人颇有好感,一番交谈后更觉对方见识

*尼尔斯·玻尔*

不凡。从此，二人结下了长达 30 年亦敌亦友的不解之缘。爱因斯坦和玻尔在各个方面都是如此不同。在科学理念上他们针锋相对，爱因斯坦反对量子理论的随机性解释，仍然坚守自己一贯信仰的具有确定性的严格因果律；玻尔则尊崇马赫的实证主义，注重实验观察结果，坚信量子理论的随机性才是客观真理。在生活中，爱因斯坦个子不高、口齿伶俐、风趣幽默、不拘小节、好静不好动，唯一喜欢的运动就是驾船出游；玻尔高高瘦瘦、笨嘴拙舌、木讷呆板、中规中矩、好动不好静，曾是一名出色的职业足球门将。两人每次见面交锋都争得不可开交，爱因斯坦总是侃侃而谈、灵动机智，玻尔却是吞吞吐吐、沉稳老练。及至争不出高下时，爱因斯坦往往会抛出那句很著名的话："上帝不掷骰子！"这里的"上帝"并不是宗教意义上的人格化上帝，而是爱因斯坦借以比喻他信仰的自然法则，意思就是大自然不依赖随机性。而玻尔一般会沉默片刻，一手托腮，慢条斯理却很有力量地给予回复："爱因斯坦，不要指挥上帝该怎么做！"言下之意，量子理论昭示大自然的终极法则就是随机性。

爱因斯坦和玻尔逐渐成为正反两派学术观点的领袖，更多的物理学青年才俊分别追随到二人的麾下。1924 年，法国物理学家路易·德布罗意基于爱因斯坦曾提出的光的"波粒二象性"假说，在博士论文中提出了"物质波"的概念，把光子的性质推广到一切粒子上，并在理论上解释了玻尔的原子模型。论文由朗之万转交到爱因斯坦手中，获得了爱因斯坦的极大认可。这年 6 月，爱因斯坦又收到了印度科学家萨特延德拉·玻色寄来的一篇论文，文中用统计方法分析并导出了普朗克的黑体辐射定律。爱因斯坦非常重视，并亲自撰文将玻色的研究进行了扩展。二人共同得出的计算方法被后世称为"玻色－爱因斯坦统计"，他们也被称为量子统计力学的创始人。爱因斯坦另一位重要盟友是奥地利物理学家埃尔温·薛定谔。1926年，在爱因斯坦和德布罗意学术成果基础上，薛定谔用波函数的微分方程描述了微观系统的状态。薛定谔方程成为量子理论的最基本方程之一，量子力学历史上重要的一个研究方向——"波动力学"由此诞生。

以玻尔为首的哥本哈根学派在量子研究之路上也不甘落后。曾经师从玻尔的沃纳·海森堡另辟蹊径，试图用线性代数里的矩阵算法解释玻尔的原子模型。最终，1925年海森堡携手马克斯·玻恩、帕斯库尔·约尔当创建了"矩阵力学"。令科学家们惊奇的是，"波动力学"与"矩阵力学"被论证在数学上是等价的，二者就像两条腿一样撑起了量子力学。绝顶天才海森堡在两年后再次一鸣惊人。1927年，他提出了著名的"不确定性原理"（又称"测不准原理"）。该原理说明，不可能同时知道一个粒子的位置和它的动量，粒子位置的不确定性，必然大于或等于普朗克常数。同年，玻尔提出了"并协原理"（也称"互补原理"），表示原子现象不能用经典力学所要求的完备性来描述，宏观领域里看似互相排斥的理论在微观领域里恰恰是互补共存的。

至此，量子力学在众多科学家协作之下宣告建立。但爱因斯坦却认为这个新理论是"错误的"和"具破坏性的"，因为它彻底颠覆了经典物理学的理论基础。在他的科学信仰中，最重要的两条是"严格因果律"和"实在论"。爱因斯坦自幼年便迷恋统一、和谐、简洁、优美的宇宙自然法则，深信确定性的因果律。在经典物理学家看来，只要知道一个系统内的位置、速度、能量等信息，就可以推演它的过去和未来，一切尽在掌握。而实在论则是源自爱因斯坦对斯宾诺莎哲学观的认同，他坚信宇宙是个独立的存在，并不依赖人类的观察。可以用一个比喻来形容这种宇宙观：你不看月亮，它也确定存在。

量子力学恰恰破坏了爱因斯坦的宇宙观。在微观领域的实验结果昭示，偶然性、不确定性和概率才是这个世界的终极法则。海森堡的不确定性原理说明，想要观测一个电子的位置时，观测行为（比如向电子发射一个光子)必然会影响电子的动量;同理,想观测一个电子的动量时,观测行为也会影响电子的原有位置。在观测之前,电子都以叠加态存在,直到观测时导致描述电子状态的波函数坍缩,呈现一个稳定态。用波函数来描述系统的状态,被学界称为"哥本哈根解释"。

我们不抬头观看,月亮就不存在?这个结论对于物理学家和普通人来说都像是无稽之谈。虽然这只是个具有哲学意味的比喻,但在微观领域,事实正是如此。自从托马斯·杨在1807年做了著名的光学实验——杨氏双缝干涉实验,不同时代的科学家们将这个实验发扬光大。经过改良的电子双缝干涉实验中,出现了诡异的现象:电子发射器发出的电子通过双缝后在显示屏上呈现明暗相间的干涉条纹,证实了量子的波动特性;但在双缝后面安装探测器后,显示屏上的干涉条纹却消失了,呈现了量子的粒子特

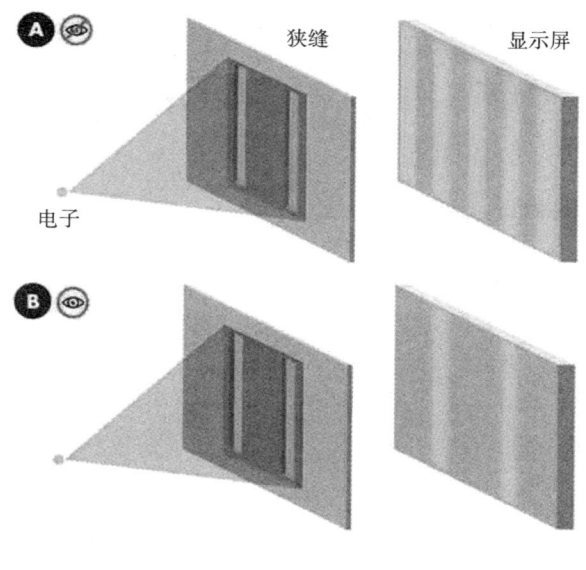

\*
电子双缝干涉实验示意图

性。这个颇显灵异的结果恰好符合了玻尔的并协原理，即量子的波动性和粒子性互为补充。

量子力学引发了一系列颠覆传统的疑问。物理学定律取决于观察者？宇宙自然的规律是随机的？科学家几个世纪以来研究物理学的意义何在？玻尔给出了答案：物理学的意义不是发现自然的本质是什么，而是我们能够对自然说什么。哥本哈根学派坚持马赫的实证主义，遵从实验结果昭示的不确定性，把和谐、优美、多少代科学家奉为圭臬的因果律和确定性一笔勾销。爱因斯坦坚决不承认量子力学在短短4年间就颠覆了他前半生苦心经营的经典力学大厦，随时准备对哥本哈根学派发起攻击。爱因斯坦代表的经典力学派与玻尔领军的量子力学派必有一战。恰在此时，布鲁塞尔为双方搭好了擂台。

1927年10月比利时布鲁塞尔，由于"一战"影响而中断的索尔维会议恢复举行。如果形容1911年第一届索尔维会议为群星闪耀，那么这第五届会议就是行星碰撞、神仙打架。在存世的那张著名合影中现身的科学家堪称20世纪物理学界"全明星"阵容，29位出席者中有17位诺贝尔奖获得者，现代物理学由他们共同缔造。老中青三代物理学家汇聚一堂：学界泰斗洛伦兹（74岁）和普朗克（69岁），中流砥柱爱因斯坦（48岁）和玻尔（42岁），以及二三十岁的众多后起之秀。时隔16年，爱因斯坦在照片中的位置已经从站立旁观挪到了正中端坐。

会议开始，双方都各自派出选手做试探性进攻。德布罗意、薛定谔、玻恩、海森堡等人轮番上阵，不分胜负。随后，哥本哈根学派主将玻尔出马做了报告，总结了近几年量子力学的成就，郑重宣告经典力学的确定性、因果律寿终正寝，概率和偶然性才是大自然的主宰。爱因斯坦没有选择出击，在台下默默思索着对策。随后几天，爱因斯坦几乎每天在酒店的早餐会上，都要针对量子力学的软肋向玻尔抛出一个思想实验，但通常在晚餐会上，玻尔就能想到方法驳倒爱因斯坦的设想。两位性格迥异却同样伟大的科学家既像两位绝世高手频频出招、拆招，又像两个顽皮的孩子，一个出谜一个猜，都那么专注又有点可爱。

第五届索尔维会议上，爱因斯坦没有捞到半点便宜。但他不甘心，在三年后的第六届索尔维会议上再次扮演经典力学捍卫者的角色，向玻尔继续发起攻击。他提出了著名的"光箱"思想实验，反而被玻尔用广义相对论的时间膨胀效应推导出不确定性原理。这一招"以子之矛攻子之盾"实在精彩，打得爱因斯坦铩羽而归。1935年，爱因斯坦和两位同事提出了"EPR佯谬"意图再起战端。同年，薛定谔提出了举世闻名的思想实验"薛定谔的猫"，将量子力学引申到宏观领域，想证明其违反正常思维逻辑。但这些努力都没有阻止量子力学逐渐确立、扩展并广泛应用于各个领域。

爱因斯坦在第五届索尔维会议后的20多年中，不再抨击量子力学的正确性，但仍认为该理论是"不完备的"，他坚信在实验验证的不确定性背后一定隐藏着不为人知的变量或规则左右着我们的世界。为了将相对论和量子力学结合起来建立一个"统一场论"，他孜孜以求，但无人认可。实际上，1927年走出索尔维会议大厅之时，爱因斯坦仍然是世界名人，但已走下了科学神坛。他对量子力学的态度就像当年物理学界反对相对论的姿态一样，而他的一次次怀疑和批判反而证明了该理论的价值。对此，爱因斯坦曾自嘲道："为了惩罚我对权威的藐视，命运把我变成了权威。"仅仅几年之间，"权威"就变成了昔日英雄。物理学同行们对爱因斯坦仍然崇敬无比，只是摇摇头转身离他而去。日新月异的物理学界已无人为他喝彩，爱因斯坦落寞地回到柏林。

## 世外桃源

1928年3月，爱因斯坦独自前往瑞士旅行散心，不料途中突发心脏病住进医院。由于病情严重，他在医院和疗养院休养了半年。在此期间，爱尔莎通过家乡施瓦本的亲戚介绍，为爱因斯坦找了一位秘书协助工作和生活。32岁的海伦·杜卡斯小姐身材苗条、安静沉稳、聪明干练，曾做过老师，非常适合这份工作。从此以后，杜卡斯为爱因斯坦担负起管理时间、过滤无用信息、守护隐私的职责，一干就是近30年。她终身未婚，全身心地投入工作中，直到爱因斯坦离世后，仍然管理着他的故居和手稿等遗产。感动于她的忠诚守护，爱因斯坦及家人都把杜卡斯视为家庭成员。这恐怕是爱因斯坦在糟糕的1928年里唯一的收获。

年底，逐渐康复的爱因斯坦回到柏林。转过年的3月，爱因斯坦迎来了五十大寿。以他的身份和名望，本应在大酒店举行盛大的庆祝仪式，可他却躲到了一位医师朋友的乡下别墅。在哈伯兰大街5号的寓所里，堆满了来自世界各地科学机构、民间组织、学界好友、普通民众的电报、贺卡、信件、鲜花以及千奇百怪的礼物，即便不写地址照样可以寄到爱因斯坦家。他的出生地乌尔姆市政府来信告知，已将一条城里最热闹的街道命名为"爱因斯坦街"，来表达对伟人的景仰。爱因斯坦一笑置之，以一贯的幽默评价道："希望我不必为这条街上发生的事情负责。"唯一让他喜欢的生日礼物是几位银行家朋友赠送的一艘小型帆船。他像个孩子般开心得手舞足蹈，并给这艘船起名叫作"海豚号"。

柏林的政客们也没有放过这个表现的机会，忙不迭地把这朵"发臭的花"再次别到自己的扣眼儿上。德国总理和文化部长等政要发来贺电，柏林市政府更是大手笔，决议送给爱因斯坦一套住宅表示祝贺。起初，政府人员选址在哈弗尔河畔一块风景秀丽之地,不承想那块地属于一位旧贵族,对方不愿意出让。爱因斯坦的友人推荐了位于柏林西南郊波茨坦附近的卡普特地区的一处土地,于是市政府研究后决定出资 2 万马克购买此地。这时反犹主义者又跳了出来,强烈反对在国内经济刚刚复苏之时就斥巨资给一个犹太人买地建房。该项目一拖再拖,爱因斯坦不胜其烦,只得委婉地谢绝了柏林市政府的美意,花费了自己大半积蓄买下了那块地。

后排左起:
A. 皮卡尔德 E. 亨利厄特 P. 埃伦费斯特 Ed. 赫尔岑 Th. 顿德尔 E. 薛定谔 E. 费尔夏费尔德 W. 泡利 W. 海森堡 R.H. 福勒 L. 布里渊
中排左起:P. 德拜 M. 克努森 W.L. 布拉格 H.A. 克莱默 P.A.M. 狄拉克 A.H. 康普顿 L. 德布罗意 M. 玻恩 N. 玻尔
前排左起:I. 朗缪尔 M. 普朗克 M. 居里夫人 H.A. 洛伦兹 A. 爱因斯坦 P. 朗之万 Ch.E. 古伊 C.T.R. 威尔逊 O.W. 理查森

\*

第五届索尔维会议出席人员,1927 年

1930年夏,坐落于卡普特森林路7号的度假小别墅竣工。房屋为木造结构,线条简约明快、没有过多修饰,深得爱因斯坦之心。爱尔莎把柏林家里的老式笨重家具都搬来,二人在此过上了隐居的生活。卡普特别墅距离柏林约30公里,背靠森林、面临湖泊,实在是远离喧嚣的世外桃源。爱因斯坦有时会带上爱尔莎做的煎蛋、蘑菇、草莓、芦笋,外加一小罐自己最爱吃的蜂蜜,和家人朋友到森林里野餐;有时在房前空地上和友人的孩子玩新流行的悠悠球;有时在门廊的躺椅上读一读他最喜爱的小说《卡拉马佐夫兄弟》;有时在深夜里打开窗户,对着沉寂的森林拉起心爱的小提琴;有时还会拾掇花园或者搬运煤块。爱因斯坦享受着这样优哉游哉的生活,在此地终老也是美事一桩。

在卡普特,爱因斯坦最享受的一件事就是驾船出游。他独自解缆上船、扬帆起航,慢慢驶离人们的视线。转过水道,"海豚号"驶进哈弗尔河。他放下风帆,任小船随波逐流,享受这种与世隔绝的宁静与孤独。他半躺在船舱里,闭上双眼,伴着流水轻拍船舷的旋律,冥思着他的宇宙奥秘……

生活就像骑自行车。
想保持平衡,
就要不断运动。
——
爱因斯坦

# 第九章　1933　何处是家乡

## 1933 年 10 月 17 日

普林斯顿

爱因斯坦一行人躲过盛大的欢迎队伍，秘密入住"孔雀"酒店。傍晚时分，他换上便装，点上烟斗，把帽檐压得低低的，悠闲地走上小镇大街。路过报摊时，他买了一份当天的晚报，看到上面报道他"失踪"的消息，不由得发出了海豹一般的笑声。偶然一抬头，看到一家"巴尔的摩"冰激凌店，酷爱甜食的他岂能错过。站在点餐台前，他一时不知道应该点些什么，突然看到旁边一位学生模样的男孩正在享受着美味。于是，他对着服务员用手指向男孩手中的蛋筒冰激凌，又指了指自己的鼻子。服务员小姑娘会意，不一会儿就将冰激凌举了过来。她接过爱因斯坦递过来的硬币时，抬头一看，瞬间捏着硬币呆住了："您不是……"爱因斯坦赶忙做了个"嘘"的手势，像个满足的孩子一样举着冰激凌转身飘然离去。

## 永别欧陆

哈弗尔河上风平浪静,柏林城里却暗流涌动。就在不久前的1929年10月24日,美国纽约股市发生大崩盘,导致金融业巨震、货币贬值、工农业衰退、失业率暴增,继而引发了各个资本主义国家的连锁反应,开启了长达5年的世界经济大危机。刚刚从"一战"战败的颓势中稍有复苏的德国再遭打击,民众重又陷入绝望之中。希特勒觅到了可乘之机,把国内糟糕的状况全部归咎于共和国政府的无能,大喊着"让德国每一户人家的餐桌上都有牛奶与面包"的口号,争取国民的支持。爱因斯坦渐渐察觉了纳粹党的狼子野心,他没有像大多数学者一样保持沉默、明哲保身,而是一有机会就宣传自己的反战思想。

1930年10月,在布鲁塞尔第六届索尔维会议上与量子力学的较量中再次败下阵来后,爱因斯坦受邀造访了比利时王宫。与爱因斯坦同名的比利时国王阿尔伯特与王后伊丽莎白热情接待了他,并共进晚餐。看着满桌的素菜,爱因斯坦对国王夫妇的简朴生活深表敬佩,王后也对相对论很感兴趣,几人相谈甚欢。餐后,爱因斯坦和王后以及两位乐手饶有兴致地演奏了弦乐四重奏,王后很赞赏爱因斯坦的小提琴技艺,并自谦为"第二小提琴手"。这次访问使爱因斯坦和王后结下了深厚的友谊,在后来风云变幻的年代里,伊丽莎白王后在私人和国家问题上都将施以援手。

返回卡普特家中后,爱因斯坦接到了来自美国的邀请函。加州理工学院的执行理事会主席罗伯特·密立根请爱因斯坦去讲学。1930年11月,爱因斯坦偕夫人爱尔莎搭乘"比利时号"邮轮第二次访问美国。12月11日,邮轮抵达纽约港。港口上迎接的场面比起10年前更加隆重,邮轮还在外海时,记者们就乘坐小船扑了过来。第二次踏上美国土地的爱因斯坦已经对大场面驾轻就熟，即兴的几句幽默话语就能应付诸如"一句话解释相对论"这类的愚蠢问题。12月14日，他接待了一位特殊的客人。普林斯顿大学校长、著名教育家亚伯拉罕·弗莱克斯纳计划在普林斯顿建立一所美国没有的新型科研机构，听闻爱因斯坦来访，随即来征求意见。两人这次会谈并没有提到具体细节，爱因斯坦也没把这个尚在意向中的"高等研究院"放在心上，弗莱克斯纳却很坚定要实现自己的计划。

当天下午，爱因斯坦参加了一个历史学者会议，在会上宣传和平主义，并声称每个国家"只要有2%的男子拒绝服兵役"就能阻止世界性的战争，因为没有足够的监狱容得下如此多的和平主义者。此时，爱因斯坦的反战观念相当简单直白，在政客们的眼中似乎有些天真。大多数人心中往往只想着自己和本国的利益，而爱因斯坦心里装的却是全世界。

12月31日，一行人抵达加利福尼亚州帕萨迪纳，同样受到了东道主的隆重欢迎。次日，他就到加州理工学院开始了正式的学术交流活动。多年前曾验证爱因斯坦光电效应定律的密立根邀请他到家中做客，畅谈理论物理学的进展。在学术联谊会上，他见到了年迈的前辈科学家迈克尔逊，并表示正是对方的"以太漂移"实验为狭义相对论铺平了道路。著名天文学家哈勃亲自开车带领爱因斯坦夫妇参观了威尔逊山天文台。当一众学者摆弄口径2.5米的天文望远镜时，完全不懂科学的爱尔莎也凑上去看了看。学者们热情地向她解释，如此巨大的天文望远镜是用来探索宇宙奥秘的。爱尔莎笑了笑，不无得意地说："我丈夫用的是一个旧信封的背面。"

爱尔莎对科学一窍不通，对美国的演艺圈可是很感兴趣。恰好美国著名的电影中心好莱坞就在洛杉矶附近，爱因斯坦夫妇欣然前往参观影城。在那里，夫妇俩见到了不少电影明星，尤其是闻名已久的卓别林。卓别林也很仰慕爱因斯坦，邀请夫妇两人到家里共进晚餐。爱因斯坦和卓别林有着相似的外貌和气质，同样大名鼎鼎、幽默风趣，又以各自的标志性形象——前者的"爆炸头"、烟斗与后者的圆礼帽、拐杖、大皮鞋——为世人所津津乐道。1月8日，卓别林邀请爱因斯坦夫妇参加他的新片《城市之光》全球首映式。当两位偶像级人物携手走进首映大厅时，全场观众起立，报以雷鸣般的掌声和欢呼声。爱因斯坦不解地向卓别林询问观众反应为何如此热烈，卓别林幽默地答道："他们为我欢呼是因为很容易理解我，为您欢呼是因为他们都不理解您。"

在帕萨迪纳两个月的学术交流后，临别时

\*
爱因斯坦、爱德文·哈勃、瓦尔特·亚当斯，威尔逊山天文台，1931年

\*
卓别林与爱因斯坦，1931年

爱因斯坦与加州理工学院约定未来每年冬天都要来讲学、交流。1931年3月4日，爱因斯坦夫妇在纽约登上回国的邮轮。顺道访问英国后，爱因斯坦于6月回到卡普特别墅，享受了一段宁静悠闲的时光。

哈弗尔河畔树叶飘落的季节，爱因斯坦又要动身赴美履行之前对加州理工学院的承诺。1931年11月，爱因斯坦夫妇离开德国，开启第三次美国之旅。在帕萨迪纳两个月充实、轻松的生活中，爱因斯坦照旧和学者们作科学交流，开展反战演说，还和友人举办小型音乐会，或在寓所阳台上悠闲地"像鳄鱼一样"享受着加州的冬日暖阳。1932年3月4日，爱因斯坦夫妇离开帕萨迪纳回国。

回程途中他照例访问了英国，又遇到普林斯顿大学的弗莱克斯纳。两人这次认真探讨了创立高等研究院的细节，爱因斯坦被这所高级科研机构以发展高端理论物理学为目标所打动。爱因斯坦结束英国访问回到卡普特别墅两个月后，弗莱克斯纳再度登门拜访，百般劝说爱因斯坦加盟研究院。爱因斯坦最终被对方的诚意打动了，答应入职。弗莱克斯纳大喜过望，趁热打铁地询问爱因斯坦有什么要求。

"要求嘛，只有一个。我希望带上我的助手迈尔一起入职，"爱因斯坦调皮地说道，"没有这位数学家的帮忙，我就寸步难行。"

"这个没问题。"弗莱克斯纳满口应允，随后又问起薪酬问题。

爱因斯坦稍显犹豫，带着询问的口气道："3000美元可以吗？"

弗莱克斯纳听罢有点吃惊，又转头看了爱尔莎一眼，欲言又止。爱因斯坦看到对方有点为难，马上讪讪笑着说："呃，再少一点也可以。"

弗莱克斯纳又是一愣，随即大笑起来，答道："薪酬问题，我还是和您夫人商量吧。"

原来，弗莱克斯纳惊讶的不是爱因斯坦提出的薪酬太高，反而是太低了。他和爱尔莎协商后，按照美国学术界的标准给出了10000美元年薪，而在爱因斯坦正式入职普林斯顿高等研究院后，数字又涨为15000美元。看来爱因斯坦对美国的行情完全没有概念，也没把金钱看得多么重要。最终二人达成协议，爱因斯坦答应在这年冬天完成在加州理工学院的讲学后，次年秋天正式赴任普林斯顿。

秋去冬来，爱因斯坦夫妇又一次打点行装，准备第四次出发访美。不同的是，这一次爱因斯坦准备的行李比以往都要多。1932年12月14日，夫妇二人走出卡普特别墅。可在即将上车的时候，爱因斯坦停了下来，意味深长地对爱尔莎说道："再好好看一眼我们的家吧，恐怕以后就没机会了。"爱尔莎不明白丈夫话中的深意，笑说明年还要回来呢。

爱因斯坦的预感一点没错，就在他刚刚离开欧洲大陆时，德国国内发生了巨变。1933年1月30日，86岁的昏聩老总统兴登堡任命44岁的希特勒为总理，彻底将共和国拱手交予魔鬼。2月1日，希特勒授意兴登堡解散国会。2月27日，纳粹分子纵火烧毁国会大厦。德国陷于法西斯恐怖统治之下，希特勒开始大肆打击政敌、迫害犹太人。莱纳德也借机上位，露出了凶狠的嘴脸，在科学界清洗犹太裔科学家。数十位物理学家被迫逃亡英美等国，包括十几位诺贝尔奖得主，以及恩里克·费米和利奥·西拉德等核物理专家。由于人才的大量流失，曾为世界物理学中心的柏林从此风光不再，而逃亡的大部分学者却成了美国的财富。

大洋彼岸的爱因斯坦得知了国内的变局不禁扼腕，在1933年3月10日接受《世界电讯报》采访时，明确表示不愿再回法西斯统治的德国。巧合的是，就在这天下午，纳粹冲锋队冲进柏林哈伯兰大街5号查封了爱因斯坦家。幸好继女玛格特机智地将爱因斯坦的所有文稿转移到法国大使馆，随后逃亡巴黎与自己的丈夫会合。另一位继女伊尔莎也跟随丈夫逃亡荷兰。事态已然明朗，就连德国驻纽约领事也警告爱因斯坦千万不要回柏林，否则会被纳粹"抓住头发拖到街上"。但爱因斯坦坚持返回欧洲，因为那里还有他的家人和好友，在移民之前也有很多事情要料理。"比利时号"航行在大西洋中，他获悉纳粹又查抄了卡普特别墅，并没收了他心爱的"海豚号"。

3月28日，邮轮抵达比利时安特卫普港。爱因斯坦马上乘车前往布鲁塞尔找到德国领事馆，愤怒地交出护照表示放弃国籍，同时致信普鲁士科学院辞去院士职位。纳粹当局闻讯恼羞成怒，他们本要拿爱因斯坦开刀，公开宣布将他从科学院开除，没想到爱因斯坦却抢先辞职。4月1日，希特勒制定的"抵制犹太人日"当天，《德国日报》刊登了一幅题为《可怜的傻瓜》的漫画，画中一只穿着皮靴的大脚狠狠地将爱因斯坦踢下楼梯。5月1日，数万德国人在柏林歌剧院前的广场上，架起火堆焚烧犹太人的著作，自然也包括爱因斯坦的作品。当天，全国还有约30所大学都举行了焚书仪式。那一阵阵反人类文明的火光把莘莘学子一张张纯真的脸孔映衬得狰狞无比，他们为了维护所谓的"雅利安人学术"，亢奋地将一本本书籍扔进火堆。可悲！可叹！可耻！可恨！

此时的爱因斯坦失去了祖国，家产被抄，银行账户被封，却仍然保持着一贯的乐观情绪。在得知自己的名字上了纳粹的暗杀黑名单，人头被悬赏5000美元时，他还笑着摸摸自己头发花白的脑袋说："我真不知道它还这么值钱。"比利时政府可不敢怠慢，王后伊丽莎白为爱因斯坦夫妇安排了一处隐秘的海滨住所，并指派两名保镖时刻不离左右。鉴于纳粹接连不断的法西斯暴行，战争已不可避免，安顿下来的爱因斯坦开始反思自己此前拒服兵役的观点，转而呼吁比利时人民拿起武器，时刻准备"为比利时自由而战""为捍卫欧洲文明而战"。

决意离开欧洲的爱因斯坦已无所牵挂，除了他的小儿子。5月，他赶赴苏黎世附近的一家精神病院探望因精神分裂症住院的爱德华。多年来他虽然尽职地为米列娃母子提供了物质生活保障，但在情感上实在亏欠儿子太多。而值此乱世，他觉得对爱德华而言，也许在母亲的照顾下休养比远赴重洋的未知生活更加现实。离开之前，爱因斯坦默默地取出了小提琴，和擅长钢琴的爱德华合奏一曲。曲罢，爱因斯坦忍住眼泪与米列娃和爱德华告别。此一去，竟成永诀。

离开苏黎世，爱因斯坦前往英国与科学界朋友们话别，其间还拜会了当时在野的丘吉尔，探讨应对欧洲危局的策略。1933 年 10 月 7 日，爱因斯坦在南安普敦港登上开往纽约的邮轮，与此前在安特卫普提前上船的爱尔莎、杜卡斯和迈尔会合。从这天起，爱因斯坦再也没踏上过欧洲的土地。站在甲板上的他，回望着这块阴云笼罩的大陆，思绪万千。父母的骨灰分别葬在米兰和柏林，两个儿子在苏黎世，两个继女在巴黎，自己在大西洋上与他们渐行渐远。从一岁离开出生地乌尔姆，辗转于慕尼黑、米兰、阿劳、苏黎世、伯尔尼、布拉格、柏林，如今年过半百、白发苍苍的爱因斯坦却背井离乡，仍像候鸟一样迁徙不停。他就如犹太祖先一样四海漂泊，处处为家却处处是客，何处才是家乡？

爱因斯坦在加州圣芭芭拉，1933 年

邮轮破浪前进，生活总要继续。爱因斯坦对未知的前途仍旧保持乐观，正如不久前他在加州圣芭芭拉骑自行车时拍下的照片中露出孩子般的笑容一样，也如他在几年前得知爱德华精神崩溃入院后写在信中的那句既是鼓励儿子也是激励自己的话："生活就像骑自行车。想保持平衡，就要不断运动。"

## 小镇传奇

1933 年 10 月 17 日，"威斯特摩兰号"邮轮驶进纽约港。岸上准备盛大迎接仪式的媒体记者、官员以及大批民众眼巴巴地等到最后一位乘客下船也没发现爱因斯坦的踪迹。当天傍晚，纽约媒体一头雾水的时候，爱因斯坦已经在普林斯顿小镇大街上散步，手里还举着刚买的蛋筒冰激凌。原来弗莱克斯纳早有准备，在邮轮还没靠岸的时候就派一艘小船接走了爱因斯坦夫妇。由隐秘的地方上岸后，一行人随即驱车开往纽约西南 80 多公里的普林斯顿。

普林斯顿小镇东倚卡内基湖，西临德拉瓦河，方圆仅 7 平方公里，只有 3 万人口。小镇绿树成荫、恬静秀美、古典雅致，除了普林斯顿大学城的建筑较为高大，所有民居都是小型住宅，散落在郁郁葱葱的花草树木之间若隐若现。小镇居民友善平和，没有纽约城里那种狂热的追星举动，反而懂得尊重爱因斯坦的私人空间。爱因斯坦自从第一次访问美国时就爱上了这里，花园一般的小镇让他想起了卡普特。

弗莱克斯纳为他们夫妇安排好住处后，带领爱因斯坦参观了大学城。学校里数学楼的一部分被辟出作为高等研究院的临时办公地点，其中一间僻静的办公室交给爱因斯坦使用。弗莱克斯纳询问新任职的这位老教授需要添置什么设备，爱因斯坦轻松地答道："一张桌子，一把椅子，纸和笔。"弗莱克斯纳哈哈大笑。"对了，再要一个大号的废纸篓，"爱因斯坦一脸迷人的微笑，补充道，"足够装下我所有的错误。"

爱因斯坦在普林斯顿小镇开始了新的工作。爱尔莎也很喜欢这里的优美环境，计划着买一幢属于自己的新房子，享受新的生活。可就在刚刚转过年的春天，巴黎就传来女儿伊尔莎病重的消息。爱尔莎心急如焚，独自返回欧洲照料女儿。伊尔莎没有坚持过完夏天，年仅 37 岁因白血病去世。爱尔莎黯然返回普林斯顿，丧女之痛和舟车劳顿让她憔悴、苍老了许多。不久后，次女玛格特与丈夫分居，从巴黎赶来团聚。爱因斯坦为了宽慰爱尔莎，安排了一次短期旅行。返回普林斯顿不久，爱因斯坦买下了默瑟街 112 号的住宅作为新家。爱尔莎心情转好，用心地将这幢二层白色木板小楼按照柏林故宅的模式装修一番。小楼一层客室里摆着次女玛格特从柏林抢救出来的老式笨重家具和一架钢琴；二层照例是爱因斯坦的书房和卧室，书房里只有简单的书架、桌椅，和哈伯兰大街5号顶层房间里一样悬挂着牛顿、法拉第、麦克斯韦的肖像。

搬进新家后的爱因斯坦过着极其规律的生活。每天一早沐浴、早餐后，他都坚持步行到高等研究院，工作到中午返回家中吃午餐，餐后要午休一两个小时，下午在书房做研究，偶尔还要拉拉小提琴。普林斯顿小镇居民们也很熟悉这位名人的作息，在固定的时间都会看到他心不在焉地漫步在常走的林荫道上。盖不住"爆炸头"的帽子，宽松无领的套头衫，麻袋一样的裤子，光脚穿皮鞋，都成了这位儒雅可爱老教授的标签。他时而突然停下脚步捻着头发思考，时而提一提要滑落的裤子，时而对身边跑过的小孩子报以微笑。人们偶尔会远远看着他，有时会在擦肩而过时寒暄几句，尽量不去打扰这位伟大科学家的思考。

在小镇上，流传着关于爱因斯坦的众多趣闻。一位友人开着敞篷轿车载爱因斯坦出行，半路突遇大雨，他赶忙把帽子摘下来塞到外套里。友人不解，爱因斯坦表示头发淋过很多次雨不要紧，帽子可受不了。爱因斯坦喜欢驾船出游，为了怀念"海豚号"，到普林斯顿后买了一艘新帆船。一次他独自驾船出去整整一天不见回来。家人们知道他既不会游泳也从不带救生衣，赶紧通知海岸巡逻队搜救。结果直到深夜众人找到爱因斯坦时，他还躺在甲板上悠闲地任帆船随波漂流。大科学家帮助小女孩解数学题的故事也被广为传颂。爱因斯坦邻居家的一位八九岁小女孩做数学作业遇到了麻烦，就上门求教。爱因斯坦接受了对方的贿赂———一盘自制糖果，用一个下午帮小姑娘解决了数学难题。小女孩的父母随后上门为打扰爱因斯坦而道歉，可他毫不介意，还表示自己从小女孩那里也学到了很多。爱因斯坦每天中午从高等研究院步行回家时，偶尔会有大学生围着请教一些学术问题。一次，热烈的交谈一路持续到爱因斯坦的家门口。等众人满意散去后，他站在那儿愣了一会儿，然后低头朝研究院方向走去。要不是杜卡斯看到后叫住他，爱因斯坦教授恐怕要饿肚子了。最令人捧腹的是一则关于迷路的故事。某天，高等研究院院长秘书接到一通电话，对方操着磕磕巴巴的英语要找院长。得知院长不在后，那人又询问爱因斯坦的住址，秘书自然不便透露。电话那头沉默了片刻，又听那人压低了嗓音说道："请不要声张，我就是爱因斯坦，但我不记得我家住哪里了。"像这样的故事还有很多，被一代代的普林斯顿居民引为笑谈。在他们眼中，爱因斯坦睿智幽默、平易近人、不拘小节，既是可敬可亲可爱的邻居，也是小镇不朽的传奇。

遗憾的是，默瑟街112号的美好时光不久就被打破了。1936年，爱尔莎病倒了，医生诊断为心脏病和肾病，只能卧床静养。爱因斯坦罕见地表现出焦虑的情绪，为了照顾妻子忙前忙后，喂她吃药吃饭、给她读书、为她拉小提琴，就像18年前爱尔莎为他做的那样。爱尔莎身体痛苦不堪，心里却幸福无比。从嫁给爱因斯坦那一天起，爱尔莎就从未奢望过得到丈夫的真爱。她对科学一窍不通，和这位伟人丈夫没有共同语言，只希望过上稳定舒适的生活，有亲人般的陪伴就足够了。十多年的风风雨雨、四处奔波，她第一次从爱因斯坦眼神中看到了关切、焦急，看到了浓浓的爱意。夏天，夫妇两人到避暑胜地度过了甜蜜的几个月。返回家中，爱尔莎病情加重，1936年12月20日，她心无挂碍地离开人世。

爱因斯坦痛哭失声，这种与亲人、爱人生离死别的感觉如同当初母亲波琳去世时一样撕心裂肺。好在随后几年中，长子汉斯一家和妹妹玛娅先后从欧洲移民到美国来陪伴他，爱因斯坦得以把所有精力投入挚爱的理论物理研究当中，工作是疗愈痛苦的良药。

## 统一场论

1933 年第七届索尔维会议召开的时候,爱因斯坦已经安家普林斯顿无缘参加。这次会议探讨的已经不是量子力学而是更加吸引科学家的原子物理学,爱因斯坦和玻尔的巅峰对决再难重演。可远离欧洲学术圈的爱因斯坦在两次受挫后并不甘心认输,仍旧对量子力学耿耿于怀。尽管爱因斯坦和薛定谔不停阻击,也无法阻挡量子力学逐渐成熟,成为被学界广泛接受的理论,并在理论研究和实际应用领域飞速发展。来自普林斯顿的意见从此被主流科学界忽视,爱因斯坦只得转向他的统一场论研究。

1925 年开始,他致力于将量子力学和广义相对论融合,创建他心目中囊括微观和宏观领域的"世界方程式"。当时的主流科学界在微观领域的研究日新月异,量子理论方兴未艾,强核力、弱核力以及几十种基本粒子先后被发现,将大自然已知的四种基本力(强核力、弱核力、电磁力、引力)统一到一个方程式里,无异于痴人说梦。爱因斯坦却不改初衷,潜心研究,不断地重复着发表理论—发现问题—承认失败—撤回论文—重建理论这样让人绝望的循环。在世人眼中,他仍是带着光环的名人;可在科学界学者心中,他已经是消失在身后的"灯塔"。

在普林斯顿高等研究院,没人再关注广义相对论和统一场论,连追随多年的数学家迈尔也离开他独自发展。年近六旬、漫步在林荫道上思考世界方程式的他,留下孤独、落寞的背影。就如他自己说的,没人真正理解他。他并不是固执,明知不可为、不必为而非要为之,只是对自己科学信仰的坚守。追寻世界方程式的工作对爱因斯坦而言,不是晚年消遣,不为名利,不因逃避主流学界,而是他的生命。"即便爱因斯坦在 1925 年后以划船、钓鱼度过余生,也不会影响他在科学史上的地位。"有人如是说。爱因斯坦的回答是："探索真理比占有真理更为可贵。"他如现实版的堂吉诃德，与虚幻中的风车作战，直到生命的最后一刻。

1939年1月，爱因斯坦六十大寿的前夕，老对手玻尔不请而至，缠斗了十多年的两位科学巨匠在异国他乡再次聚首。可玻尔此次到访并不是来论战的，而是给爱因斯坦带来一个令人震惊的消息：核裂变实验成功了。柏林威廉皇帝研究所的奥托·哈恩和弗里茨·斯特拉斯曼在实验中用中子轰击铀原子得到了大量的钡元素。哈恩不解其意，写信询问常年的合作伙伴、已经逃亡瑞典的犹太裔女科学家莉泽·迈特纳。迈特纳收到信一周后，在一次雪地散步途中，脑海中迸发出铀原子被中子轰击分裂成两个更轻的原子核的震撼画面。3月，流亡美国的意大利物理学家恩里克·费米和巴黎的科学家让·弗雷德里克·约里奥－居里（玛丽·居里夫人的大女婿）几乎同时完成了核裂变实验。令科学家们感兴趣的是原子核裂变时将损失一部分质量，而这部分质量转化成了能量。根据爱因斯坦的质能方程（$E = mc^2$）计算，一次核裂变就能释放2亿电子伏特的能量。

对于这个劲爆消息，爱因斯坦倒没有显得特别惊讶，这几年他已经不太关注欧洲学界在原子核物理和量子力学上的进展。5年前接受美国记者采访，被问及原子核能量被释放的可能性时，他还表示那就像"在鸟儿稀少的黑暗地带猎鸟"一样徒劳。如今核裂变已然成真，欧美的众多物理学家纷纷在实验室里开始深入研究。爱因斯坦仍然没有在意，他认为每次轰击一个原子核产生的能量只是在

爱因斯坦与西拉德，1939年

微观尺度显得巨大,在宏观领域能有什么实际利用价值呢?

过完生日的夏天,爱因斯坦独自前往纽约东南的长岛度假。1939 年 7 月 16 日,两位不速之客出现在爱因斯坦的度假别墅。利奥·西拉德,同样为了逃脱纳粹暴政而移民纽约的匈牙利物理学家,曾在柏林与爱因斯坦共事,并一起申请了一项冰箱的专利。此次他和同事尤金·维格纳贸然拜访,带来的是比核裂变更加惊人的消息。爱因斯坦抽着烟斗,坐在别墅阳台的桌旁,听着西拉德一边在纸上写写画画一边讲解。纸上出现的数字和图形让爱因斯坦神色慢慢严峻起来:1 个中子轰击铀 235 原子核,核裂变同时释放出 3 个中子,再分别去轰击 3 个铀核,释放出 9 个中子,再去轰击 9 个铀核,释放出 27 个中子,再去轰击……"链式反应"像多米诺骨牌一样连锁发展下去,瞬间释放出的能量相当于同等质量普通 TNT 炸弹的 2000 万倍!"天哪,我从来没想到会是这样!"爱因斯坦紧紧攥住了手里的烟斗,大声喊道。

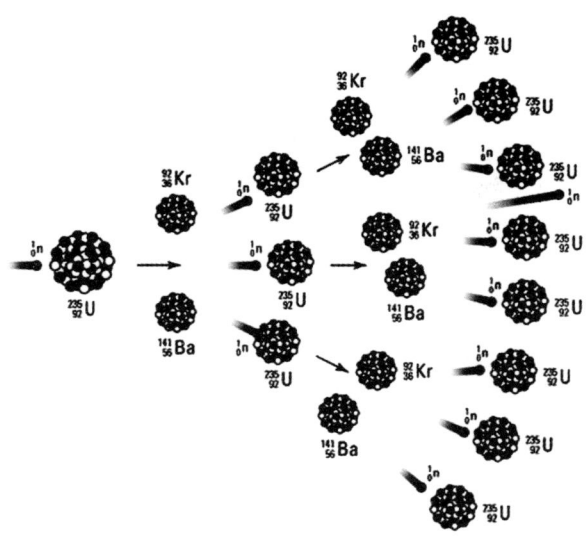

\*
核裂变链式反应示意图

我不知道第三次世界大战用什么武器,
但我知道第四次世界大战用的武器肯定是石头。

——

爱因斯坦

# 第十章　1945　战争与和平

## 1945 年 8 月 6 日

*萨拉纳克湖滨度假别墅*

午后,爱因斯坦缓步下楼,打算喝杯下午茶,却有些心神不宁。欧洲战场的硝烟已经散去,可太平洋上依然战云密布。秘书杜卡斯小心翼翼地告知他一个从广播中听到的惊人消息:一枚原子弹在广岛爆炸了。爱因斯坦听罢呆立在原地,半晌缓不过神来。"哦……可悲……"他颤抖着从牙缝里挤出这句话后,一整天闭口不言。

## 核弹阴云

核裂变和链式反应实验成功的消息惊出爱因斯坦一身冷汗。原子弹已经在理论上成为可能,各国科学家都在加大研究力度,在军事上的应用近在眼前。爱因斯坦深知德国科学家的实力,一旦他们先一步研制成功,威力巨大的原子弹落到那个恶魔手中……爱因斯坦看着纸上那通过 $E=mc^2$ 演算出的惊人数字,思绪飘回故国。

1933 年希特勒上台后,利用一系列法西斯暴政大肆迫害犹太人,声称要建立"德意志第三帝国"。1934 年 8 月,老总统兴登堡去世,希特勒顺理成章接任总统,成为大权独揽的纳粹德国"元首"。1935 年春,希特勒违反《凡尔赛和约》扩张军备,英法等国只做了纸面上的抗议,纵容了法西斯的野心。10 月,意大利法西斯独裁者墨索里尼下令入侵埃塞俄比亚。1936 年 3 月,德军开进莱茵非军事区,筑起防御工事。1937 年 7 月 7 日,日寇挑起卢沟桥事变,发动全面侵华战争。9 月,德、意、日三国结成法西斯同盟,轴心国形成。1938 年 3 月,德国兵不血刃吞并奥地利。9 月,英、法、德、意四国首脑签署臭名昭著的《慕尼黑协定》,德国一枪未发地把捷克苏台德地区占为己有。1938 年 11 月 9 日夜,希特勒指使手下的冲锋队、盖世太保和党卫军化装成平民走上德国和奥地利街头,对犹太人的住宅、商店、教堂疯狂地打、砸、抢、烧,由此拉开了纳粹对犹太人大屠杀的序幕。"水晶之夜",这听来美妙的名字却浸满了犹太人的血泪。次年 3 月,希特勒撕毁《慕尼黑协定》占领捷克全境。1939 年 8 月,德国与东边的邻居苏联签订了《苏德互不侵犯条约》。美国隔岸观火,英法两国一味推行隐忍的绥靖政策,最终养虎为患。狼子野心的纳粹德国对西欧各国张开了贪婪的血盆大口,大战一触即发。

爱因斯坦很清楚，如果德国研制出原子弹意味着全欧洲乃至全世界的灾难，赶忙向来访的两位物理学家询问对策。西拉德放下纸笔，抛出了当下最紧迫的两件事：首先要利用爱因斯坦与比利时王室的私交控制比属刚果的铀矿，避免出口给德国，而此前德国已经占领了捷克境内的铀矿；其次，要敦促美国政府尽快开启科研计划，务必抢在纳粹德国之前造出原子弹。

第一个问题很好办，爱因斯坦答应马上通知伊丽莎白王后及比利时外交部。第二个问题倒不好解决，此前费米已经将核裂变的消息告知美国海军部，但没有受到重视。西拉德二人认为只能直接联系总统本人才有机会，于是想到了和美国总统罗斯福有过一面之缘的爱因斯坦。5年前，爱因斯坦和爱尔莎不仅拜访了白宫，还在那里度过了愉快的一晚。爱因斯坦听罢毫不犹豫，满口答应，在西拉德起草的信上签了自己的名字。

这封信还没到罗斯福手中，1939年9月1日，德军闪击波兰，英、法对德宣战，第二次世界大战正式打响。美国政坛一片忙乱，直到10月，罗斯福才见到信件。他十分重视，马上组织核物理专家和军事人员召开会议，并成立专项研究小组。但是，当时美国政界对欧亚发生的战争还在持观望态度，并不想马上介入，所以研究小组只获得了可怜的6000美元科研经费。

转眼半年过去了，欧洲战局急转直下，德军在欧洲所向披靡，小国被蹂躏得毫无还手之力，法国被迫投降，英国危在旦夕。西拉德等人在德国科学期刊上看到德国科学家发表的关于核裂变的文章，如坐针毡。1940年3月，西拉德再次拜访爱因斯坦重申事态严峻。爱因斯坦和西拉德写了第二封信给罗斯福，警告总统如果德国人研制出原子弹，美国恐怕不能独善其身。

爱因斯坦和西拉德等人的努力终于见效了。经过一年多的筹备，1941

年12月6日，秘密研制原子弹的"曼哈顿计划"正式制订。次日，日军因资源被封锁偷袭美国军事基地珍珠港，太平洋战争爆发，美国被拖入了"二战"。西拉德、魏格纳、费米、玻尔、奥本海默、费曼等科学家都神秘"失踪"，集结在一个秘密地方展开原子弹的研制工作。爱因斯坦却被排除在机密计划之外，只因联邦调查局认为他有"共产主义倾向"。尽管爱因斯坦是世界著名的科学家，两年前已经正式宣誓加入美国国籍，但他赞扬过苏联的社会主义，支持过西班牙内战中各国共产主义者组成的国际纵队，在联邦调查局局长胡佛眼中，一直是潜在的"危险分子"。

1942年12月2日，费米指导设计和制造出来的人类第一台可控核反应堆首次运转成功。1944年年底，历时3年、动用人力约60万、耗资20多亿美元的"曼哈顿计划"已近尾声，3颗原子弹即将制成。可是大功告成之际，以奥本海默、西拉德为首的科学家们反而忧心忡忡。1945年3月，西拉德再次赶赴普林斯顿拜访爱因斯坦，目的是劝说美国政府不要使用原子弹。

在过去的几年间，战争的天平已经倾向反法西斯同盟国。1942年德、意军队在北非遭受重挫。1943年2月，斯大林格勒战役中德军被苏联红军击败，成为"二战"的转折点。1943年9月，墨索里尼政府垮台，意大利宣告投降。同时，中国军民也经过艰苦卓绝的数年奋战，迎来了对日寇的战略反攻阶段。1944年6月6日，美、英等同盟国军队在法国诺曼底登陆，开辟了欧洲第二战场。苏军也在东线对德军发动反攻。

到西拉德拜访爱因斯坦之时，纳粹德国的失败只是时间问题。欧洲战场不需要原子弹的助阵了，难道要用来对付困兽犹斗的日本人？参与研制的科学家当然深知原子弹的巨大破坏力，所以西拉德等人认为基于人道主义应该避免无意义的杀戮。爱因斯坦一生都是和平主义者，自然认同西拉德等人的观点。二人第三次致信罗斯福，劝阻美国政府使用原子弹。遗憾的是，直到罗斯福于 1945 年 4 月 12 日突然病逝，也没能看到这封信。继任的总统杜鲁门倒是看到了信，但美国政府高层却不以为意。

1945 年 4 月 30 日，苏军攻占柏林。希特勒，这个战争贩子，沾满 600 万犹太人鲜血的恶魔，为了逃避审判在总理府地下室畏罪自杀。1945 年 5 月 9 日，德国正式签署无条件投降书。法西斯轴心国败局已定，但日军还在太平洋诸岛和东南亚战场疯狂抵抗，给盟军造成了极大伤亡。1945 年 7 月 16 日，美国新墨西哥州的沙漠中，世界上第一颗原子弹试爆成功。1945 年 7 月 26 日，中、美、英三国发表《波茨坦公告》，促令日军停止抵抗、无条件投降。日本军政府不予理会、一意孤行，罔顾国民的性命负隅顽抗，还做着侵略中国、占领东南亚、统治世界的白日梦。为了减少美军伤亡，尽快结束战争，也为了在战后获取更有利的国际地位，美国政府动了杀机。

1945 年 8 月 6 日晨，3 架 B-29 美军轰炸机飞临日本广岛市上空。8 时 15 分 47 秒，一颗代号"小男孩"、重约 4 吨的铀弹从弹仓落下。45 秒后，炸弹在距地面 600 米的空中爆炸：强烈的白色闪光让所见之人瞬间失明，城市上空传来天崩地裂的爆炸声，随即空中升起巨大、恐怖的蘑菇云，高达 4000℃的热浪把直径几百米范围之内的人瞬间化为灰烬，爆炸形成的冲击波将方圆十几公里的所有建筑夷为平地，数十个火柱熊熊燃起。原子弹爆炸后的城市如地狱般死寂，所有的时钟都定格在 8 时 16 分。

广岛原子弹轰炸当天造成 7 万多人死亡和失踪，7 万多人受伤。3 天后，一颗代号"胖子"的钚弹轰炸长崎市，当日造成 8 万余人伤亡。轰炸中侥幸死里逃生的人，也在余生中饱受核辐射后遗症的折磨。科学技术制造出人类战争史上最恐怖和惨烈的瞬间，全世界为之震惊。身在纽约度假的爱因斯坦听到广播里传来的消息，悲叹了一声，痛苦得几天都沉默不言。

1945 年 8 月 15 日，日本裕仁天皇宣布无条件投降。9 月 2 日，日本政府代表在美国战舰"密苏里"号的甲板上签署无条件投降书，第二次世界大战宣告结束。

## 世界公民

战争的硝烟散去，留下一串冷冰冰的数字：历时 4 年，战场涉及欧亚非三大洲、大西洋和太平洋，波及 61 个国家和地区，约 7000 万人死亡，约 1.3 亿人受伤，战争损失 5 万多亿美元。全世界人民欢庆胜利，在废墟上重建家园，政治家们忙于谋划战后的国际新格局。

爱因斯坦却闷闷不乐，那两颗原子弹的阴云始终笼罩在他的心头。一方面，他为惨死于原子弹爆炸的平民感到不安和愧疚，如果早知道德国根本造不出原子弹，他是不会给罗斯福去信的。事后证明，以海森堡为首的德国科学家团队在理论、技术、资金、资源上都不具备成功研制核武器的条件。另一方面，杀伤力惊人的原子弹成了悬在全人类头顶的"达摩克利斯之剑"。和爱因斯坦一样的和平主义者都担心在战后的大国军备竞赛中，一旦事态失控，人类的头顶再次升起恐怖的蘑菇云。1945 年 12 月在纽约举行的纪念诺贝尔晚宴上，爱因斯坦曾坦言："战争胜利了，却没有赢得和平。"

1946 年 7 月 1 日的美国《时代周刊》封面上刊登了爱因斯坦的画像：在他身后升起了色彩诡异的蘑菇云，云端浮现出他的伟大公式 $E = mc^2$，图片下方写着"世界毁灭者爱因斯坦"。从那一天起，全世界都把原子弹与爱因斯坦联系在一起，这种误解延续至今。实际上，从理论方面来看，原子弹成功研制和爱因斯坦的质能方程并不是因果关系，而只是从结果上验证了那个方程的正确。从人道主义来看，爱因斯坦不论是初期支持研发还是后期阻止投放，都是他悲天悯人、心怀黎庶的真诚表现。世人对他的误解还不止于此，某些反对他的人曾评价他"出尔反尔"和"极其幼稚"。纵观爱因斯坦在两次世界大战中的和平主义观点，确实不断变化：他曾呼吁欧洲年轻人拒绝服兵役，也曾号召比利时人拿起武器抵抗纳粹；他写给罗斯福前两封信敦促研发原子弹，第三封信却又在研制成功时阻止原子弹投放；"一战"后他加入国联组织，后又因不满国联的不作为而退出；"二战"后他不止一次倡议创建一个以法律来保障各国安全的世界政府。观点随时而变，但是万变不离其宗。就如他的科学信仰一样，爱因斯坦对人世间的秩序也追求统一、和谐。这不是出尔反尔，而是审时度势；这也不是幼稚，而是大爱和大智慧。他毕生追求的宇宙真理和世界和平不被世人真正理解。在被某些记者以玩笑的口吻询问"第三次世界大战将使用什么先进武器"时，他回道："我不知道第三次世界大战用什么武器，但我知道第四次世界大战用的武器肯定是石头。"这句看似幽默的话语其实一点不好笑，反而有些悲凉。一位摄影师朋友曾和他探讨未来世界永久和平的可能性时，爱因斯坦眼神黯淡下来，显得空洞而深邃，继而悲观地说道："只要有人，就会有战争。"那一刻，这位经过爱因斯坦援助才逃脱战乱的摄影师按下了快门。

略显欣慰的是，正因为爱因斯坦等和平主义者的不懈努力，形成了一股与军国主义、国家霸权主义、种族主义对抗的力量，使得国际局势趋于平衡。联合国、安理会、国际原子能机构的先后成立，《不扩散核武器条约》的诞生，在很大程度上遏制了国际争端的产生和核能的滥用，也给原子弹这个魔鬼加上了封印。其实，爱因斯坦不必因敦促原子弹的研制太过自责。辩证地看，正是那两颗原子弹轰炸造成的骇人结果，才让世人时刻警醒，避免毁掉人类共有的家园。

爱因斯坦为人类忧心，为和平呐喊，却引起了美国当局的特别关注。和平主义者、反对军备竞赛和核武器扩散者、反种族歧视者、犹太人等，这些标签让美国联邦调查局对他特别"关照"。联邦调查局局长胡佛开始收集爱因斯坦的"罪证"，可是多达14箱、1000多页的案卷中，始终找不到有说服力的证据。

1950年，参议员麦卡锡借机蹿上政治舞台，大肆排挤、迫害共产党人和所谓的亲共分子，开启了臭名昭著的"麦卡锡时代"。美国国内掀起了反共热潮，如同"二战"前德国的法西斯主义附体。爱因斯坦怒不可遏，不顾自己安危为科学界的友人们伸张正义。

在世人一片骂声中，麦卡锡时代最终还是灰溜溜地退出了历史舞

爱因斯坦，1947年

台。法西斯主义没能复活，种族主义却阴魂不散，美国社会中还存在很多傲慢与偏见。白人高高在上，犹太裔、亚裔、拉丁裔人都面临或多或少的排挤，而非洲裔则是最受歧视的族群。爱因斯坦在美国居住20多年，他不敢相信在这片奴隶制已经被废除近百年的国土上，黑人仍旧遭受着不公正待遇。在普林斯顿的电影院里，黑人要坐在单独隔离的座位上；黑人在商店购物时，不被允许试穿衣服鞋帽；大学不接收黑人学生。爱因斯坦像当年为犹太人鸣不平一样，为黑人争取人权，参加黑人的集会，到黑人学校演讲，为黑人争取教育的机会。有一次，黑人歌唱家玛丽安·安德森到纽约开演唱会，却在会后被所有酒店拒绝入住。爱因斯坦闻讯表示愤慨，主动邀请玛丽安来自己家居住。不同肤色、不同年龄的两人，结下了忘年之交，后来玛丽安每次来演出都会住在爱因斯坦家里。

世界和平，天下一家，众生平等，于普通人只是一句句口号，对爱因斯坦来说是真切的美好梦想，看似遥不可及，却毕生为之奋斗，就像追寻宇宙真理一样执着。

## 随风而逝

66岁生日这天,爱因斯坦辞去了高等研究院的职位,正式退休。但他并没有改变十多年的作息习惯,仍然是每天早餐后徒步来到高等研究院的新办公楼,在桌前和黑板上写写画画,继续钻研他的"世界方程式"。可他青春已逝,不再有年轻时的物理学直觉,只能在数学的海洋里泛舟独行。那黑板上密密麻麻的公式越来越复杂,没人能懂,也没人愿意去弄懂了。

1948年,玻尔造访普林斯顿。这对老朋友和老冤家一个年近古稀、一个年逾六旬,再次相见却仍像两个老顽童。玻尔此次拜访爱因斯坦是打算整理二人当年在索尔维会议上量子力学之争的资料,可没想到爱因斯坦仍然耿耿于怀,说着说着又争论起来。玻尔赌气回到自己的临时办公室,让助手亚伯拉罕·派斯帮忙整理文稿,自己踱到窗前,看着窗外的风景闷闷地抽起烟斗,嘴里不停地念叨着"爱因斯坦……爱因斯坦……爱因斯坦……"此时,爱因斯坦从楼下的办公室上来,悄然推开门,对惊讶的派斯做了个"嘘"的手势,打开玻尔的抽屉,偷偷取出医生严禁他抽的烟草后准备溜走。恰在此刻,玻尔突然转过身来,气哼哼地又喊了一声"爱因斯坦",正好看到爱因斯坦正准备逃离"作案现场"。玻尔诧异地盯着爱因斯坦,爱因斯坦尴尬地望着玻尔,派斯窘迫地看着两位大科学家,三人像木头人一样定在原地,好一会儿都不知该说什么。十几秒后,办公室里爆发出哈哈的大笑声。

这一对亦敌亦友的科学顽童把争斗一直持续到各自生命的终点:爱因斯坦临终前仍在草稿纸上演算统一场论的方程式,试图证明量子力学的不完备;玻尔于1962年突发心脏病去世前一天,在黑板上画出的仍是爱因斯坦在第六届索尔维会议上提出的"光箱实验"示意图。同样对物理学如痴如魔却观点针锋相对的两位伟人，以活力四射的量子世纪之战让那个风云激荡的年代光耀后世，用绝妙的思想实验和幽默的一言一行使20世纪科学史妙趣横生。

送走玻尔，爱因斯坦收到了前妻米列娃去世的消息。几个月前，米列娃在去医院探望儿子爱德华的路上摔倒而中风。8月，这个命运多舛的女人带着人生的遗憾和对次子的担忧离开了人世。爱德华余生都在苏黎世附近的精神病院里度过，1965年在孤独中离世。

这一年，爱因斯坦的妹妹玛娅也因中风病倒了。她神志倒还清醒，但失去了语言能力，只能卧床养病。爱因斯坦像十几年前对爱尔莎一样照料妹妹的生活起居，每天晚饭后都要坐在玛娅的床前，为她朗读兄妹俩儿时都喜欢的小说《堂吉诃德》。爱因斯坦看着眼前的妹妹：留着与他一样的花白"爆炸头"，穿着一样松松垮垮的衣服，只是再也不能像三四岁时那样给哥哥捣乱、和哥哥打闹了。1951年6月，玛娅在普林斯顿家中病逝。

1948年年底，爱因斯坦自己也病倒了。突发胃痛、呕吐的他被紧急送医，医生发现他的腹部主动脉里长了一个肿瘤。以当时的医疗技术，无法手术摘除，医生只能建议保守治疗。在杜卡斯的照顾下，爱因斯坦身体稍有恢复。他心态十分乐观，还做了一次长途旅行。

1949年，爱因斯坦迎来了七十大寿。研究院同事送了他新款的收音机和电唱机，爱因斯坦高兴得像个孩子。长子汉斯带着家人也赶来庆生，让爱因斯坦尽享难得的天伦之乐。

1951年生日当天，爱因斯坦留下了世人无比熟识的一张"吐舌头"的搞怪照片。但没几个人知道当时的真实情形：爱因斯坦经过一天的庆祝活动已经疲惫不堪，钻进汽车准备离开。而令人厌烦的媒体记者还不肯放走他，举着相机请求爱因斯坦"笑一下"来配合拍照。爱因斯坦不胜其烦，对着记者吐出了舌头。那可不是因他顽皮，而是表达对媒体的极度不满。

1952年，爱因斯坦的老朋友，以色列首任总统魏茨曼去世。一时间，以色列民众和媒体都呼吁由爱因斯坦来继任，以色列驻美大使还专门致电爱因斯坦表达了国内的呼声。可爱因斯坦却只当是个玩笑，婉言拒绝了，声称自己不适合当官。

1954年，爱因斯坦的健康状况越来越糟，胃痛时有反复。他很清楚动脉瘤就像定时炸弹，随时可能夺走生命，但他泰然处之。生日这天，除了亲朋好友的礼物，他还收到了来自巴黎的明信片。"奥林匹亚科学院"的两位老伙伴哈比希特和索洛文向"老院长"致以崇高的敬意。爱因斯坦想起伯尔尼小城里的岁月，那咖啡馆里的思想碰撞，囫囵吞下的鱼子酱，城外小山上的绚烂日出，阿勒河畔的激情飞扬，仍然让已近暮年的他心驰神往。在回信中他说道："我们都垂垂老矣，可是科学院的光辉依然照耀着我们孤寂的人生之路。"

1955年3月，爱因斯坦生日前几天，他为母校苏黎世联邦理工大学百年庆典撰文纪念，文中提到那位去世多年的老朋友："在我的生命中，至少要对马塞尔·格罗斯曼说一声谢谢。"生日过后第二天，他生命中同样要感谢的另一位好友贝索去世。听闻噩耗，爱因斯坦闭上双眼，仿佛瞬间回到伯

爱因斯坦，1951年

尔尼老钟楼下，在夕阳里，和贝索继续争论着关于时间的话题。在给贝索家人的回信中，他饱含深情与哲思地写道："如今，贝索先我一步离开了这个光怪陆离的世界。但这不要紧。对于我们笃信物理学的人来说，过去、现在和未来之间的区别只不过是一种幻觉而已，尽管这种幻觉挥之不去。"

至亲与好友从爱因斯坦的人生舞台上一一谢幕而去，他自己的生命也进入倒计时。

4月11日，他在与英国哲学家伯特兰·罗素共同起草的《罗素－爱因斯坦宣言》上郑重签字，呼吁国际社会控制核武器。

4月12日，他照例来到研究院，突感腹股沟疼痛。

4月13日，上午他与以色列大使商榷关于庆祝犹太人建国7周年的广播稿内容。下午，他在盥洗室摔倒，杜卡斯发现后叫来医生。医生为他注射吗啡止痛，他方能入睡。这时，他的动脉瘤已经破裂。

4月14日，医生会诊，提议手术，被他拒绝。他表示"人为地延长生命是没有意义的"，还劝慰杜卡斯不要紧张，说自己"已经完成了任务，是该离开的时候了，而且要优雅地离开"。

4月15日，他剧痛难忍，在杜卡斯坚持下被送到医院。发现继女也在隔壁病房就医，他还宽慰玛格特一番。

4月16日，长子汉斯赶来探望，他颇感欣慰，精神转好。

4月17日，他自觉状况稍好，向杜卡斯要来眼镜和纸笔，做了一些计算，并与经济学家纳坦和汉斯探讨政治和科学问题。

4月18日，凌晨1点刚过，爱因斯坦突然呼吸困难。值班护士赶来后,他用德语咕哝了一句,护士没有听懂。紧接着,爱因斯坦重重呼出两口气,溘然长逝。病床边放置的十多页草稿纸上,写满无人能懂的公式和数字。

200多年前牛顿的葬礼名流扶柩、万人空巷,爱因斯坦却在离世5年前就曾立下遗嘱:不造墓、不立碑、不举行葬礼。

普林斯顿默瑟街112号爱因斯坦故居

一生不崇拜偶像的他也不想在去世后被世人当成偶像膜拜。他的部分财产分给汉斯、爱德华、玛格特和杜卡斯,论文捐给了希伯来大学,书籍、信件、手稿交由杜卡斯保管,他心爱的小提琴遗赠给孙子伯恩哈德。

1955年4月18日下午,爱因斯坦遗体在特伦顿火化,仅有汉斯、杜卡斯、纳坦、奥本海默夫妇等12人在场。纳坦朗诵起一首德国著名诗人歌德悼念席勒所作的诗:

>我们都受益匪浅
>
>世人感念他的教诲
>
>那些只属于他个人的思想
>
>早已遍洒世间
>
>他如即将消逝的彗星照亮我们
>
>用自己的光芒 辉耀永恒

朗诵毕,众人肃穆悼念。纳坦和奥本海默一起将爱因斯坦的骨灰撒入德拉瓦河。那骨灰一部分逐水而流,流向大海,也许有朝一日会重返他又爱又恨的遥远故乡;另一部分随风而散,散至半空,缓缓飘向他挚爱一生的、无边无际的、仍藏着更多未解之谜的浩瀚宇宙。

# 后记

2020年12月4日，中国科学技术大学宣布该校科研人员成功构建76个光子的量子计算原型机"九章"。2021年2月8日，中国具有自主知识产权的量子计算机操作系统"本源司南"正式发布。量子科技在中国的发展方兴未艾，使得信息传输安全性和信息处理速度有了划时代的提升。

2021年5月22日10时40分，中国"祝融号"火星车登陆火星表面，开始巡视探测。2021年5月，中国"天宫"空间站"天和"核心舱完成在轨测试验证。2021年6月17日15时54分，"神舟"十二号载人飞船与"天和"核心舱完成自主快速交会对接。18时48分，航天员聂海胜、刘伯明、汤洪波先后进入"天和"核心舱，标志着中国人首次进入自己的空间站。守在电视机前的观众们看到航天员在飞船升空后透过舱窗回望地球的那个瞬间，无不心潮澎湃。

人类在微观和宏观领域的不断探索，深刻地改变着我们的生活和思想。在我们探寻量子秘境和出征星辰大海时，不应忘记科学史上灿若群星的科学家们，正是他们的智慧和勇气造就了今天的世界。而在众多的科学巨星之中，最闪耀的一颗无疑是他。

他是宇宙之子。

作为近世最著名的犹太人，他不止一次被问过"信不信上帝"。他的回答是，不信仰人格化的、影响自然法则与人间活动的上帝。他的上帝即宇宙，即自然法则本身。换言之，科学才是他的终生信仰。从5岁捧着一个小小的罗盘，到临终前写下的方程式，他用一生的时间去寻求他心目中的统一、和谐、简洁、优美的宇宙真理。他有相对论的成功，也有统一场论的失败，有早期对量子理论的敏锐直觉，也有后半生对量子理论的顽强抵制。他以一己之力改造、扩展牛顿经典力学，重塑了时空的形状。他为量子力学开辟了路径，使其在众多学者的努力下蓬勃发展。踩着他的脚印，大爆炸、黑洞、暗物质、暗能量、反物质、弦理论、平行宇宙等众多新概念层出不穷，人类对宇宙自然的理解和应用日新月异。

他是世界公民。

他一生四处漂泊，曾拥有三个国籍，历经两次世界大战的洗礼，始终忧国忧民忧天下。他反对军国主义，反对法西斯主义，反对种族主义，反对使用核武器，反对一切霸权主义。他为世界和平呐喊，为犹太同胞奔走，为中国人发声，为黑人抱不平，对所有受压迫和遭遇不公正待遇的族群、组织以及个人伸出援手。在他心中，他的国籍是地球，民族是人类。

联合国大会确定 2005 年为"世界物理年"，在全球范围内举行"让物理学照耀世界"的激光传递活动，以纪念百年前的"爱因斯坦奇迹年"。2005 年 4 月 15 日，中国科协召开了"世界物理年纪念大会"。会上，曾和爱因斯坦有过学术交流的著名物理学家李政道发表了题为《在祖国纪念爱因斯坦》的演讲。他充满深情与敬意地说道：

> 我们的地球在太阳系是一个不大的行星，我们的太阳在整个银河星云系 4000 亿颗恒星中也好像不是怎么出奇的星，我们整个银河星云系在整个宇宙中也是非常渺小的。可是，因为爱因斯坦在我们小小的地球上生活过，我们这颗蓝色的地球就比宇宙的其他部分有特色、有智慧、有人的道德。

此刻，我们再一次凝望爱因斯坦的目光。那目光如孩子般纯真，又如先哲一般深邃，在宇宙自然面前充满好奇和敬畏，面对人间疾苦又饱含悲悯和愤怒。仔细端详之下发现，那目光并没有看向我们，而是聚焦在我们身后很远很远的地方。如果有一天,我们有能力抵达他目光所及的宇宙深处,回望我们的家园:那蓝色的星球如一颗尘埃般渺小,可它又是那么伟大,正如李政道先生所言,只因一个人曾经在这里留下过惊鸿一瞥——阿尔伯特·爱因斯坦。

## 图书在版编目（CIP）数据

伟人的青年时代.爱因斯坦/张燕波编著.— 北京：中国青年出版社，2025.1.— ISBN 978 – 7 – 5153 – 7483 – 3

Ⅰ.K811 – 49

中国国家版本馆 CIP 数据核字第 2024BR8536 号

责任编辑：彭岩
出版发行：中国青年出版社
社　　址：北京市东城区东四十二条 21 号
网　　址：www.cyp.com.cn
编辑中心：010 – 57350407
营销中心：010 – 57350370
经　　销：新华书店
印　　刷：三河市君旺印务有限公司
规　　格：660mm×970mm　1/16
印　　张：13
字　　数：153 千字
版　　次：2025 年 1 月北京第 1 版
印　　次：2025 年 1 月河北第 1 次印刷
定　　价：58.00 元

如有印装质量问题，请凭购书发票与质检部联系调换
联系电话：010 – 57350337